DIRIGENTES DEL MUNDO FUTURO

CARLOS CUAUHTÉMOC SÁNCHEZ

DIRIGENTES DEL MUNDO FUTURO

DESARROLLO MÁXIMO
DE FACULTADES

Ediciones Selectas Diamante, S. A. de C. V.
Libros que transforman vidas

DIRIGENTES DEL MUNDO FUTURO

Dirección Editorial: Lic Rosa Elena Gutiérrez
Coordinación Editorial: J. Jorge Sánchez Noguéz
Diseño de cubierta y logotipo: Miguel Morett Soto

NOTA PRELIMINAR

Las técnicas para el DESARROLLO MÁXIMO DE FACULTADES®, son muy efectivas y conforman uno de los sistemas educativos más importantes en la actualidad. Sin el trabajo esforzado del equipo de investigadores, pedagogos y maestros del *Instituto para el desarrollo de niños con alto potencial*, este sistema no existiría. A ellos dedico este libro. En especial a la licenciada Liliana Sánchez Gutiérrez, a quien he visto entregar su vida al proyecto.

Aunque en estas páginas se ha modificado la historia del IDENAP y el nombre real de los fundadores, todos los conceptos sobre enseñanza sobresaliente, son veraces.

Es importante comentar que el sistema DMF dista mucho de ser una fórmula mágica para hacer niños genios. De hecho, no depende de instalaciones, computadoras o manuales, sino de personas; por lo tanto, es falible, es humano y su éxito estriba en la aplicación de los conceptos en el seno del hogar. Ésa es la razón de este libro: Está hecho para ser estudiado por maestros; pero, sobre todo, por padres. Si usted es uno de ellos, léalo con cuidado, subráyelo, trabaje con él y póngalo en práctica. Sus hijos serán quienes reciban los beneficios.

C. C. S.

niños robados. Es una vieja hacienda en la antigua carretera a Puebla.
¿Puede venir? Me gustaría conversar con usted al respecto.

Xavier saltó del sillón.

—Voy para allá.

—¿Qué pasa? —le preguntó su esposa esperanzada—. ¿Hay alguna noticia de nuestro hijo?

—No, pero hallaron a otros niños. Parece que encontraron el sitio de operaciones de una banda que trafica con infantes.

Ella se vistió con toda celeridad. Roxana también, pero sus padres le dijeron que no podía ir. Era muy chica para acompañarlos a esos lugares.

Llegaron a la estación de policía. Había una gran agitación. Se dirigieron a la jefatura, pero el comandante estaba demasiado ocupado atendiendo a periodistas y a otros padres de familia.

—¿Qué está pasando aquí? —preguntó Xavier a uno de los oficiales encargados de la seguridad interna.

—Encontraron el centro ceremonial de una secta. ¡Había doce niños y diecisiete jóvenes!

—¿Qué?

Ximena y él se abrieron paso hasta la zona de primeros auxilios en la que estaban los recién rescatados. No les permitieron el acceso. Los vieron uno a uno desde lejos. Ninguno era su hijo.

Esperaron varias horas hasta que la revuelta disminuyó. Xavier entró en la oficina del jefe y lo invitó discretamente a comer algo. El funcionario lo miró de reojo como agradeciéndole el gesto. A los pocos minutos salió a toda velocidad y caminó con ellos a la fuente de sodas, detrás de la comandancia.

Sentado en el pequeño restaurante, los puso al tanto de lo que estaba ocurriendo.

—Ayer por la mañana descubrimos un centro de narcóticos en el que tenían secuestrados a varios menores de edad —comentó al tiempo que ordenaba una hamburguesa con queso—. El sitio estaba ubicado dentro de una hacienda abandonada, en la antigua carretera a Puebla.

—¿Dijo "un centro de *narcóticos*"? —preguntó Ximena asustada.

—Bueno, la finca era usada para dos fines: en primer lugar, experi-

10

mentaban con nuevas sustancias químicas, estimulantes de la corteza cerebral. Había tres farmacobiólogos expertos. Lo trágico del asunto es que, para las pruebas, usaban niños con la supuesta finalidad de hacerlos más inteligentes. Un psiquiatra dirigía los ensayos y llamaba a la zona "campamento educativo".

Xavier movió la cabeza preocupado.

—¿Eso significa que algunos niños estaban ahí por consentimiento de sus familias?

—Sí. Ocho de los doce chicos en experimentación, habían sido enviados por sus mismos papás. Pensaban que se trataba de un sofisticado colegio. Incluso pagaban sumas muy altas. Así financiaban, sin saberlo, todas las actividades de la hacienda. Los otros cuatro niños figuraban en la lista urbana de extraviados.

—Es increíble —dijo Ximena—. ¿Qué pensaban esas personas cuando enviaron a sus hijos ahí? ¿En dónde tenían la cabeza?

—La verdad es que fueron engañados.

—¿Pero los niños dormían en ese lugar?

—Sí. Era un internado. Tenían cuartos individuales con baño, una mesa de trabajo, computadora y bocina por la que se les obligaba a escuchar música repetitiva. Permanecían la mayor parte del tiempo bajo el efecto de alguna sustancia que activaba sus neuronas.

Xavier comenzaba a vislumbrar un sin fin de posibilidades que, bien escudriñadas, podrían conducirlos a más niños robados.

—Mencionó que usaban la hacienda para dos fines. ¿Cuál era el segundo?

—Algo mucho peor. En otra sección internaban a los adeptos de una secta religiosa. Ahí encontramos a cinco varones y a doce mujeres, entre dieciséis y veintidós años de edad —el comandante se detuvo como si lo que estaba a punto de decir le fuera a provocar malestar estomacal—. A todos, en los ritos ceremoniales, se les habían amputado uno o más dedos de las manos... —Ximena y Xavier se miraron—. Las habitaciones de los sectarios, más pequeñas que las de los niños, sin luz eléctrica y con suelo de tierra, contaban, sin embargo, con bocinas.

La doctora sacó algunas conclusiones:

11

—Así que tanto los niños como los jóvenes eran sometidos a diferentes procedimientos de "lavado de cerebro".

—Sí. Y a todos se les obligaba a ciertas actividades sexuales.

—¡Dios mío! —dijo Xavier—. ¿Cómo descubrieron ese lugar?

—Dos personas reportaron a la comisaría que su hijo fue secuestrado por el mismo director del campamento educativo al que lo habían inscrito. Declararon que el hombre se negaba a devolverles al niño. Entonces comenzamos a investigar. El padre del pequeño consiguió entrevistarse con el procurador y obtuvo una orden de cateo inmediata. Yo mismo realicé el operativo. Nos dirigimos a la hacienda abandonada tres policías y el denunciante. Fue difícil llegar. Tuvimos que atravesar varias rancherías en un sendero agreste. Dejamos el coche a buena distancia y caminamos. Un par de guardias rurales nos cerraron el paso. Les mostré la orden de inspección y les dije que revisaríamos el sitio. Avanzamos percibiendo que detrás de nosotros se comunicaban con alguien. Sobre la vieja construcción de la hacienda pudimos observar varias cabezas que corrían de un lado a otro, acomodándose. Me percaté de que algo andaba mal. También saqué mi radio y pedí apoyo. Casi de inmediato comenzaron los disparos. Uno de mis oficiales cayó herido. No hicimos nada de momento, sólo escondernos, hasta que llegaron los refuerzos. Fue el tiroteo más espectacular en el que me he visto envuelto. Pudimos entrar al inmueble, aprehender a los laboratoristas y rescatar a los cautivos. La hacienda estaba en penumbras. Había dos patios grandes en los que encontramos símbolos pintados en paredes y pisos. No se ha determinado con precisión el tipo de reuniones que se llevaban a cabo ahí.

Los ojos de Xavier brillaron.

—¿Capturaron a los responsables?

—El jefe de la banda escapó. Únicamente detuvimos al psiquiatra que dirigía el supuesto colegio. Declaró no tener ninguna relación con la secta, pero nos ha sido imposible interrogarlo bien; está muy grave. Se encuentra detenido en el Hospital Urbano de Puebla.

—¿Qué le pasó?

—En la finca había un cuarto con sustancias químicas que explotó durante el operativo. El psiquiatra sufrió quemaduras de tercer grado.

—Vaya. ¿Podemos ir a la hacienda? Me gustaría conocerla.

—Pueden, pero no tiene caso. Está destruida casi por completo. Además, sólo le permiten el paso a los investigadores.

—Entonces me gustaría entrevistarme con los niños y jóvenes rescatados. Quiero mostrarles la fotografía de nuestro hijo para preguntarles si lo han visto. ¿Podría hacernos ese favor?

—Creo que no habrá problema.

Después de que el oficial terminó de comer su hamburguesa, se dirigieron con él a la comandancia.

Vieron a una pareja escribiendo, sentada frente a los escritorios para tomar declaraciones.

—¿Quiénes son? —preguntó Xavier.

—Ángel y María Luisa Castillo. Los denunciantes. Gracias a ellos pudimos dar con la hacienda. Están redactando su testimonio de cómo ocurrieron los hechos; sobre todo de la forma en que fueron engañados y aceptaron inscribir a su hijo en el campamento educativo.

Pasaron de largo. Ximena siempre traía consigo una fotografía de Max. Fueron hasta la sala en que se encontraban los rescatados. Había un pequeño de escasos seis años de edad, varios de unos nueve y el resto de dieciocho, en promedio. Se acercaron a ellos con mucha cautela. No deseaban asustarlos. Parecían perdidos en el universo indómito de un cerebro aletargado.

—¿Qué les pasa? —le preguntó Xavier al médico que los atendía.

—La mayoría han sido afectados en sus aptitudes mentales. Creemos que el daño es reversible. Se recuperarán con el tiempo.

Mostraron a cada uno la fotografía de Max. Ninguno dio señales de reconocerlo. Ximena salió de la sala con la mandíbula desencajada. Después comenzó a llorar.

—Tranquilízate, mi amor.

—No puedo soportar esto. ¿Y si nuestro hijo ha caído en manos de psicópatas similares? ¡Debemos movernos rápido! ¡Hacer algo! Así nos cueste todo lo que tenemos. ¡Todo! Daría cualquier cosa por encontrar a mi niño.

Xavier asintió. No pudo calibrar que las palabras de su esposa eran serias y que el destino estaba dispuesto a tomarles la palabra.

Regresaron a la sala de espera y observaron a los Castillo que habían terminado de escribir sus declaraciones. Se estaban despidiendo del comandante. En su rostro se adivinaba un gran pesar, pero Xavier y Ximena pensaron que con gusto canjearían con ellos su desgracia. Sano o no, habían recuperado a su hijo... Su familia aún existía.

Cuando los Castillo salieron, Xavier entró a la oficina del jefe policiaco y le hizo una súplica especial.

—Yo sé que estas notas son confidenciales. Lo sé, soy abogado, pero hágame un favor. Déjeme leerlas. Quiero buscar alguna pista que pueda abrirnos nuevas posibilidades para buscar a más niños robados.

El comandante movió la cabeza. Lo que le pedían era imposible, pero él también era padre de dos pequeños y podía imaginarse la tortura que sería perderlos. Suspiró y salió de la oficina sin decir nada, dejando las declaraciones sobre la mesa para que Xavier pudiera leerlas.

2
EDUCACIÓN FRAUDULENTA

Declaración testimonial de Ángel Castillo sobre el caso 123H-45/12

En aquel entonces, nuestro hijo Ulises tenía seis años de edad. Era muy inquieto. La directora de su escuela nos mandaba notas en forma constante de que no podían controlarlo, pues se negaba a realizar los ejercicios tradicionales y ocasionaba un continuo desorden en el aula.

Un día mi esposa y yo fuimos a hablar con ella. Es una mujer mayor de edad, pedante, con ínfulas de grandeza. Nos hizo esperar en el patio por más de una hora. Yo me enfadé y caminé por el colegio.

Busqué el aula de mi hijo y me paré en un ángulo desde el que podía observar la clase sin ser visto por la maestra. Al parecer, los niños hacían planas de letras en su libreta de cuadrícula. Era notoria la pesadez del ambiente. Una pequeña rubia, después de bambolearse, se dejó vencer por el sopor y apoyó su cabeza sobre la mesa. Mi hijo informó a la maestra que su compañerita se había dormido. La profesora no respondió. Ulises insistió exclamando que estaban muy aburridos.

—¿Ya terminaste tu trabajo? —le preguntó ella.

—Ya.

—No te creo. Eran cinco planas. ¿Hiciste cinco planas? A ver, tráeme tu cuaderno.

Ulises no obedeció. La maestra se puso de pie y fue hasta su lugar. Retrocedí un paso para evitar ser descubierto. Seguí observando la escena.

—¿Dónde están las cinco planas, eh? Apenas llenaste unos renglones. ¡Mira qué porquerías! Voy a tener que castigarte.

15

—Quiero irme a mi casa.

—¡Te quedarás aquí y harás diez planas! ¡Si hablas otra vez, le diré a tus papás que te has portado mal y no podrás irte con ellos!

Mi hijo inclinó la cabeza; sus compañeros miraron la escena asustados y volvieron a esforzarse en realizar el tedioso trabajo. La maestra se apoltronó de nuevo. Sentí que la ira me hacía estallar la cabeza. Achacaban a Ulises una mala conducta sólo porque protestaba de las injusticias y de los aburridísimos ejercicios.

Entré al salón y reprendí a la profesora. Le dije que esos arcaicos métodos de enseñanza laceraban la autoestima de sus alumnos, que todos los niños sanos son activos y que ella los estaba convirtiendo en pasivos y apocados. También le dije que las travesuras de Ulises eran producto de un gran espíritu de investigación. La maestra se defendió, gritando que los padres de familia teníamos terminantemente prohibido ver las clases. Se armó una discusión muy desagradable. Llegó la directora con mi esposa. La polémica se hizo más grande aún. Todos alzamos la voz hasta que llegó el momento en el que ninguno escuchaba a los demás. Furiosos, terminamos dando de baja a nuestro hijo de ese colegio.

A partir de entonces comenzamos a buscar mejores opciones. Nos dimos cuenta de que así como el mundo evoluciona, la educación también. Supimos que hay nuevos métodos de enseñanza, que un chico bien dirigido puede aprender a leer antes de hablar, que el cerebro en crecimiento crea conexiones neuronales constantemente, que este fenómeno ocurre, sobre todo, en los primeros años de vida y que, si se pasa por alto la oportunidad de originar, a base de estímulos, más y mejores lazos intelectuales, se desperdicia buena parte del potencial infantil.

Visitamos todas las escuelas de la zona en busca de alguna que practicara sistemas modernos de educación. Las pocas que hallamos, no podían admitir al niño a esas alturas del ciclo escolar. Fue una búsqueda incesante de varios meses. Mientras tanto, mi esposa le dio clases. Estaba sorprendida por la enorme capacidad del pequeño. Ulises aprendió con su mamá a leer, a escribir y hacer cuentas con inusitada rapidez. Era vivaracho y juguetón. María Luisa me dijo que su ritmo de aprendizaje la obligaba a enseñarle de forma muy dinámica; terminaba sus tareas con celeridad y si ella no estaba presta para ponerle otro ejercicio, comenzaba a hacer travesuras. Entonces comprendimos por qué nunca se adaptó al sistema de enseñanza tradicional.

Un infortunado día, hallamos el anuncio en el periódico. Decía: "Ofrecemos servicios especiales para niños sobresalientes".

Como no perdíamos nada con averiguar, acudimos al lugar.

Se trataba de un edificio moderno, con enormes cristales y amplios vestíbulos de mármol. En el directorio había una lista de más de cuarenta oficinas: Médicos, abogados, arquitectos, consultores... Un vigilante uniformado nos indicó el número del despacho que buscábamos. Entramos al lujoso elevador con la esperanza de hallar una respuesta a nuestras inquietudes. La oficina alfombrada tenía paredes de caoba. Un tipo alto, calvo y de lentes circulares nos dio la bienvenida. Le mostré el anuncio y le dije que andábamos en busca de una escuela con métodos modernos para desarrollar el potencial de los niños. El sujeto asintió, limpió sus lentes y habló despacio. Nos dijo que habíamos llegado al lugar adecuado. Se presentó. Dijo ser psiquiatra, llamarse Lucio Malagón y estar al frente de un colegio para hacer niños super dotados. Nos llevó a una pequeña salita llena de fotografías. Había cuadros con chicos de varias razas retratados mientras tocaban el violín, pintaban al óleo, actuaban en televisión o realizaban cálculos con una computadora. Nos aseguró que todos ellos eran casos sobresalientes, graduados de sus aulas. También nos dijo que Ulises podía alcanzar esos niveles y aún más.

María Luisa preguntó dónde estaba la escuela y el hombre nos dijo que se hallaba en las afueras de la ciudad. De hecho le llamaban "campamento". Le dije que deseábamos conocerla; él alcanzó dos álbumes y nos mostró fotografías de un lugar hermoso, con habitaciones amplias, bellos jardines y aulas modernas. "Es un paraíso educativo para los niños", nos comentó. Oprimió un control remoto y apareció en la pared la proyección de un video que enseñaba algunas de las actividades realizadas en esa fascinante escuela. Todo parecía como sacado de un cuento de ciencia ficción. Salimos de la estancia convencidos de que habíamos hallado cuanto buscábamos.

17

—Nuestros servicios son únicos —dijo después—. Pero tienen dos inconvenientes. El primero es el precio. Ustedes comprenden. Mantener un colegio así, cuesta mucho dinero.

—¿Y el segundo? —pregunté.

—Verán. Para lograr nuestro objetivo debemos infundirle al niño nuevos hábitos de vida y estimular su cerebro en un ambiente controlado. Le hacemos estudios físicos y psicológicos completos, monitoreamos sus ondas cerebrales durante el sueño y lo alimentamos de forma natural. Con numerosos exámenes determinamos sus destrezas específicas y le aplicamos un programa individual, a su medida. Para eso debe dormir con nosotros.

—¿Como en un internado?

—Sí. Los niños sólo van a su casa los domingos.

Nuestro entusiasmo se desinfló como un balón pinchado. María Luisa y yo no estábamos dispuestos a internar al niño en un programa educativo por más eficiente que fuera. Investigamos en otros lugares sin éxito. El tiempo pasó y no hallamos nada adecuado. Pensábamos en el campamento una y otra vez. El temor a lo desconocido nos impedía tomar una decisión; sin embargo, la idea de que en ese sitio tuvieran la fórmula para estimular de manera especial la inteligencia infantil, nos animaba. Ulises merecía la mejor educación. Le planteamos las posibilidades y él se mostró ansioso de ir a una nueva escuela. Quería tener amigos. Era justo.

Cuando visitamos al psiquiatra otra vez, su aparente profesionalismo terminó de convencernos. Le dije que deseábamos probar el programa por tres meses y aceptó sin ninguna objeción. Nos llevó a un pequeño edificio al que llamaban "base de ingreso". Era pulcro y hermoso. Nos dijo que Ulises iba a permanecer en ese sitio durante las primeras semanas. Fuimos vilmente engañados. Mucho después supimos que la base de ingreso era sólo un escenario falso que rentaban para guardar las apariencias. Firmamos los papeles y dejamos a Ulises con el doctor. Tuvimos una sensación de desgarramiento. Nos parecía terrible pensar que en los próximos noventa días sólo lo veríamos una vez a la semana, pero nos aferramos a la idea de que era por su bien. Durante los primeros días, María Luisa y yo procuramos no hablar del

18

asunto. Después de siete días de incertidumbre, fuimos por el niño a la base de ingreso. Ulises nos abrazó muy fuerte. Parecía confundido. Alegre pero temeroso; entusiasmado pero fatigado. Charló un buen rato respecto a sus nuevos amigos y durmió toda la tarde. Daba indicios de hallarse contento, así que decidimos continuar.

A los dos meses, el doctor nos comunicó que el niño era hábil para el razonamiento abstracto y que estaban llevando a cabo un proceso de profundización en informática. A los cinco meses comenzó a realizar programas complejos para computadoras, hacía operaciones matemáticas con inusitada rapidez, leía y memorizaba páginas enteras. Era maravilloso ver su progreso. Descansé al percatarme de los incipientes resultados y pagué el complemento de la cuota para cubrir el primer año de estudios.

Xavier apretó los labios y dejó la declaración de Ángel en el escritorio.

Vio las hojas escritas por María Luisa de Castillo y las tomó. Siempre era interesante comparar las distintas perspectivas de dos personas implicadas en la misma tragedia. Leyó superficialmente los primeros párrafos que narraban acontecimientos similares. Después comenzó a hallar las primeras discrepancias y se concentró.

Mi esposo parecía aferrado a la idea de continuar con el programa. Yo no estaba de acuerdo. Me opuse desde el momento en que detecté cómo el niño perdía la chispa que lo caracterizaba. Los domingos tratábamos de aprovechar el tiempo con él. Íbamos a la iglesia, al parque, al cine, a restaurantes, aunque yo lo veía cada vez más absorto. Le exasperaban los juegos de los demás niños, conversaba poco, prefería leer o hacer diagramas y sus comentarios eran siempre negativos. Decía cosas como: "Fuera del campamento, todas las personas son unas taradas". "Odio tanta estupidez a mi alrededor". "La gente religiosa tiene basura en la cabeza." A los seis meses, yo estaba desesperada. Le pregunté a Ángel:

ción de los niños existen tres aberraciones: la primera, no hacer nada para estimular su mente; la segunda, enseñarlos con métodos represivos y, la tercera, darles drogas exógenas. Es repugnante que un entrenador deportivo tolere la pereza, pero también que fuerce a sus atletas en forma cruel y, mucho más, que les suministre esteroides anabolizantes. Usted está haciendo lo tercero. Ha caído en esa aberración, que además es un delito.

—Señora, nosotros somos los mejores educadores para desarrollar el talento en este país. No puede discutir eso.

—¡Sí lo discuto! Un verdadero centro educativo para impulsar el alto potencial de los niños debe estar abierto a los padres, dar capacitación a la familia, hacer énfasis en el desarrollo de todas las áreas de la inteligencia racional; pero, sobre todo, en las áreas de inteligencia práctica: Enseñar valores, ética, asertividad, desenvoltura; darles mucho deporte, juegos, concursos... y cero, ¿me oye? ¡Cero medicamentos!

—Si buscaban eso, debieron inscribir al niño en otro colegio. Siempre fui claro respecto a lo que les ofrecía.

Ángel volvió a tomar el mando de la charla.

—¡Nunca nos habló de que le suministrarían drogas!

—Es inútil discutir. Además, a estas alturas, si quieren retirar a Ulises tienen que preguntarle a él. Tal vez no desee suspender el programa.

—Nosotros somos sus padres. ¡Está bajo nuestra tutela! Así que, aunque él no quiera, lo vamos a suspender.

—El domingo, ¿le parece? Llevaré personalmente al niño hasta su casa.

—No voy a esperar hasta el dom...

La línea se cortó.

Fuimos al consultorio y tratamos de obtener información con la recepcionista respecto a los otros padres del programa; pero nos dijo que la mayoría vivía en diferentes ciudades y que sólo visitaban a sus hijos una vez por mes.

Después acudimos a la base de ingreso y, aunque estaba cerrada, descubrimos a través de las ventanas que era un local adornado con muebles y paredes de utilería como el escenario de un teatro.

Contratamos a un investigador privado.

La incertidumbre nos martirizó cuando Ángel descubrió por casualidad, en una revista antigua, las imágenes de niños tocando el violín y pintando al óleo. Me preguntó si no eran las que el psiquiatra tenía enmarcadas en su lujoso despacho. Las vi y me aterroricé. Eran las mismas. Eso significaba que todo había sido un circo, una farsa, incluyendo los álbumes con las fotografías de habitaciones amplias, jardines y aulas modernas.

El domingo siguiente el psiquiatra no llegó con el niño a las nueve de la mañana como había prometido. Dieron las diez, las once, las doce... Ángel y yo esperamos en la calle muy nerviosos. Teníamos la sensación de que algo malo iba a ocurrir. A la una de la tarde vimos el auto del doctor. Nos lanzamos sobre él, apenas lo estacionó. Ulises no venía en el coche. Malagón abrió la ventanilla.

—El niño se ha negado a volver —nos dijo—. Cuando supo que ustedes querían sacarlo para siempre del campamento se puso furioso. Lloró y pataleó como si tuviera un año de edad. Se orinó y gritó que no quería irse. Es perjudicial dejar las cosas a medias; puede haber una regresión.

Mi marido lo agarró de la solapa. Yo gritaba buscando un policía. El hombre subió el vidrio eléctrico para obligar a Ángel a soltarlo. El auto comenzó a andar. Nos dejó atrás.

—Se va a arrepentir —gritó mi esposo con todas sus fuerzas—. ¿Me oye? ¡Se va a meter en serios problemas!

El coche se alejó.

Esa tarde levantamos un acta de secuestro en el Ministerio Público.

Al día siguiente llegó Malagón a la casa. Traía a nuestro hijo.

Nos dijo:

—Estoy consternado por lo que ha ocurrido. Convencí a Ulises de que regresara con ustedes. No fue fácil; sin embargo, aquí lo tienen. Discúlpeme si me exasperé, pero compréndame. Ulises es muy valioso y perder a un niño como él resulta triste para nosotros. En fin... Ustedes son sus padres y tienen la última palabra. Yo me lavo las manos de la decisión que acaban de tomar.

Dio la vuelta y salió sin despedirse.

23

Adivinamos que el hombre estaba temeroso, como si hubiera re-flexionado respecto al riesgo que corría si seguíamos investigando.

Fuimos al hospital. Llamamos a nuestro pediatra, quien revisó al niño y le hizo análisis clínicos. No le cupo duda. Había consumido durante mucho tiempo algún tipo de droga.

Mi marido estaba furioso. Yo ya no quería que se metiera en más problemas; habíamos recuperado a nuestro hijo, pero Ángel estaba dispuesto a averiguar lo que había detrás del susodicho campamento.

Así fue como empezamos a perseguir a Lucio Malagón.

③
LOS NIÑOS PIDEN POCO

Gonzalo Gamio recibió a Xavier Félix con cierta formalidad. Lo hizo pasar a su acogedora sala.

—¿Por qué me mandó llamar, Padre? —preguntó al sacerdote después de saludarlo.

—He recibido noticias de tu hija. ¿Desde cuándo no la ves?

Xavier carraspeó y tragó saliva.

—La llamo por teléfono y le envío regalos de vez en cuando.

—No contestaste mi pregunta.

—Cuatro años, Padre. Hace cuatro años que no la veo. Usted lo sabe muy bien.

—Es mucho tiempo para una niña... Xavier, debes resignarte y pensar en el futuro.

—¿Por eso me llamó? —apretó los dientes sin poder evitar que el chasco se convirtiera en pesar—. Supuse que había descubierto alguna pista del paradero de mi hijo. Debo encontrarlo. Si vive, tiene ocho años de edad. ¡Ocho años! ¿Se imagina cuánto me necesita?

Gonzalo Gamio puso una mano en el hombro de Xavier y lo miró con seriedad.

—Tienes que volver a este planeta, poner los pies en la Tierra. Incorporarte a la vida. Estás enajenado. ¡Despierta!

Negó con la cabeza. Por lo regular se mantenía impasible, pero estando con ese viejo asesor espiritual, sus defensas emocionales bajaban. No podía ponerse máscaras frente a él.

—Hace cuatro años, mi esposa renunció al hospital. Dejamos a Roxana en casa de mi mamá y comenzamos a peregrinar de ciudad en ciudad. Descubrimos todo tipo de criminales, desde simples ladron-

25

zuelos hasta bandas organizadas. Nos impresionó saber cuántos canallas se ganan la vida explotando a menores de edad. ¡Muchos pordioseros roban niños para obligarlos a pedir limosna y a prostituirse! Otros grupos, más sofisticados, los venden entre sus contactos internacionales que comercian con órganos (corazón, hígado, córneas, riñones) para transplantes. En varios países del Medio Oriente aún existe el tráfico de esclavos; ahí llevan a niños para ser explotados, sobre todo laboral y sexualmente... Hay cientos de pequeños plagiados cada año. Los motivos son muchos: Secuestradores que piden dinero, enfermos mentales que los apresan para satisfacer sus delirantes deseos, millonarios sin escrúpulos que compran bebés, chalados como Malagón que los usan en sus experimentos y degenerados que producen pornografía infantil.

Hizo una pausa para limpiarse la cara. El sacerdote le apretó el hombro cariñosamente. Conocía esos datos, pero no lo interrumpió. Sabía que Xavier necesitaba enumerarlos de vez en cuando para disminuir un poco su presión interior.

—Ximena y yo nos enteramos de muchas historias macabras —continuó—, viajamos a rancherías, visitamos orfanatos, peleamos contra mafias y mafiosos. En dos años envejecimos. Hallamos más de treinta niños extraviados que devolvimos a sus familias, pero no al nuestro... Una noche, en plena sierra de Chihuahua, encontramos el cuerpo de un pequeño que había fallecido, atado por algún fanático. Se parecía mucho a nuestro hijo. Mi esposa perdió la razón. Le afectó al grado de no poder coordinar sus movimientos. Entonces ocurrió el accidente...

El sacerdote suspiró. Se puso de pie y llamó a su acólito.

—¿Quieres una limonada?

—Da lo mismo.

Un joven con retraso mental entró en la sala. Gonzalo le pidió un par de bebidas refrescantes y volvió a tomar asiento.

—Cada vez que escucho ese relato —dijo—, se me parte el alma.

—Yo lo escucho a diario. ¡Mi mente se encarga de recitármelo! Soy una piltrafa humana. Por fuera me veo normal, pero me estoy pudriendo por dentro. Camino por la vida como un extraviado en el desierto. Nadie me ayuda ya con las investigaciones. El comandante de la policía, que me brindó su amistad en un principio, murió acribillado en un operativo de narcóticos.

El asistente del cura llegó con una charola. Su destreza era asombrosa. Sin duda había sido capacitado con paciencia. Colocó los vasos sobre la mesa, hizo una media reverencia y se fue.

—Alguna vez me dijiste que tu hija, Roxana, adoraba a su hermanito —declaró Gonzalo disparando a bocajarro—. ¿Has pensado en la forma en que le ha afectado a ella todo esto?

—Sí, Padre, no me atormente más. Tengo conmigo una nota que ella me escribió hace cuatro años. A veces la leo, pero pienso que la niña debe haber estabilizado su vida. Yo estoy mentalmente enfermo. Necesito una terapia psicológica. Si vuelvo con Roxana y ella presencia mi desesperación crónica la afectaré más. Seguramente mi madre la cuida bien.

—¿Por qué cometes un error tras otro? Tu madre es una mujer mayor de edad y cada vez le resulta más difícil hacerse cargo de dos nietos.

—¿Dos?

—Te has alejado por tanto tiempo que no estás enterado de las últimas noticias.

Xavier se encorvó entre apenado y abatido.

—Tu única hermana siguió el ejemplo que le diste. Tal vez por motivos menos graves, pero con el mismo resultado. Siendo soltera, hace dos años tuvo un hijo. Luego se enamoró de un chileno, se fue a Chile con él y dejó a su niño con tu mamá. ¿No te parece que son un par de hermanos irresponsables?

—Como usted lo dijo, mis motivos fueron más serios.

—¡Xavier, reacciona! No puedes quedarte atascado en el ayer. Debes recuperar a tu familia. Perdiste a un hijo de cuatro años, pero tienes a otra de trece. No la desampares. La vida sigue.

Sintió que el calor lo sofocaba. Miró la limonada frente a él y la bebió de un sorbo.

—¿Sabes que Roxana ganó un concurso de composición literaria en la secundaria?

—No.

—Tu madre me envió una copia de su trabajo. Estaba orgullosa.

El sacerdote fue a su escritorio y extrajo una hoja. Se la alargó a Xavier. El manuscrito estaba hecho con letra prolija.

—¿Mi... mi hija escribió esto?

—Sí. Ganó el primer lugar a nivel estatal.

—Vaya.

Comenzó a leer.

Si los niños vivimos con golpes, aprendemos a ser agresivos. Si vivimos con burla, aprendemos a ser tímidos. Si vivimos con indiferencia, aprendemos a ser fríos.

Es un honor para mí presentarles el tema "Los niños pedimos poco".

Hace varios días, una maestra le pidió a sus alumnos que escribieran un deseo para Dios. Hubo una carta que conmovió a toda la gente y se publicó en la portada del diario principal de su ciudad. Decía así:

"Señor, tú que eres bueno y proteges a todos los niños de la Tierra, quiero pedirte un favor: Transfórmame en un televisor... para que mis padres me cuiden como lo cuidan a él, para que me miren con el mismo interés con que mi mamá mira su telenovela preferida o papá el noticiero. Quiero hablar como algunos animadores que, cuando lo hacen, toda la familia se calla para escucharlos con atención y sin interrupciones. Quiero sentir que mis papás se preocupan por mí, tanto como se preocupan cuando el televisor se descompone y rápidamente llaman al técnico. Quiero ser un televisor para ser el mejor amigo de mis padres y su héroe favorito. Señor, por favor. Aunque sea por un día... Déjame ser un televisor."[1]

Algunos padres dicen, "yo nunca haría a un lado a mi hijo", pero todos lo hacen; a veces, mientras ven la película que alquilaron, y otras mientras atienden amigos, trabajo, citas, viajes y compromisos. ¡Es verdad! Los adultos no se comunican con los niños.

Sé de un vecino a quien tratan como estorbo; sus padres le gritan, lo golpean cuando hace travesuras y se pelean frente a él, sin importarles la angustia que le producen. Muchos niños viven con miedo, indiferencia, burlas y sufren tanto como los pequeños abandonados.

28

En diciembre fui con mi abuelita a un barrio de gente muy humilde. Nos llamó la atención que un grupo de mujeres ricas asistiera a ese lugar para ofrecer desayunos a los niños pobres. Le pregunté a uno de ellos dónde estaba su mamá y me contestó: "Trabaja como nana en la casa de esa señora rica y le cuida a sus bebes mientras ella viene aquí a cuidarnos".

Hay quienes presumen de ser caritativos, pero tienen el corazón hueco. Desean arreglar el mundo, pero dañan a sus propios hijos.

Los adultos son responsables de nuestro nacimiento y en su egoísmo, ignoran que también tenemos necesidades y derechos. Los niños somos personas puras y buenas. Llegamos al mundo con la mente limpia y queremos aprender. Observamos a nuestro alrededor y sólo vemos familias deshechas, pleitos, divorcios, robos. Nuestros padres y maestros nos enseñan a mentir y a temerles.

A una locutora de televisión, su hija le preguntó: "Mamá, ¿por qué tienes una cara tan bonita en la tele y tan fea en la casa?" Ella contestó: "Porque en la tele me pagan por sonreír, hija", y la niña agregó: "¿Cuánto debo pagarte para que sonrías en la casa?"

Los niños no queremos dinero, no nos interesan patrimonios o cuentas bancarias, a veces los adultos quieren heredarnos "eso"; pero, con todo respeto, ¡es basura! Lo que los niños pedimos es poco. Sólo atención e interés. También tenemos nuestros problemitas y a veces no hay nadie cerca para platicárselos; también tenemos nuestro corazón y a veces no hay a quien abrazar para decirle "te amo"; también tenemos un gran deseo de aprender cosas buenas y a veces no contamos con alguien que nos enseñe con paciencia.

Un niño que se llamaba Carlos Schulz, a los cuatro años de edad hizo un dibujo feo de su perrito, pero la maestra le dijo: ¡eres un gran pintor! Su padre también lo felicitó, lo abrazó y pegó el dibujo del perro en la pared. De ahí en adelante, cada dibujo que Carlos hacía, su padre lo ponía en la pared y les presumía a todos de lo bien que dibujaba su hijo. Cuando ese niño creció, fue el autor de Snoopy y muchos otros personajes.

Los niños nos convertimos en triunfadores si los adultos nos tratan como triunfadores. Los niños nos convertimos en problemas si los

adultos nos tratan como problemas. Somos masilla en sus manos. ¡Por favor, papá, mamá, maestro, maestra, enséñennos lo bueno de ustedes! Adulto: los niños pedimos poco. Tenemos almas limpias, no nos ensucies; tenemos corazones buenos, no nos hagas malos; somos seres humanos, ayúdanos a vivir y así, cuando crezcamos, podremos decirte: gracias por lo poquito que me diste, porque ese poquito fue justo lo que yo necesitaba para ser feliz...

Se quedó boquiabierto mirando el texto. Dudaba mucho que hubiese sido escrito por una adolescente, pero de cualquier modo lo había conmovido. No hablaba de niños robados ni de tráfico de órganos ni de esclavitud en Medio Oriente. Hablaba de los niños que sin haber caído en extremos trágicos, tienen una vida aparentemente normal, pero llena de tristeza. Hablaba de ella misma...

Hay quienes presumen de ser caritativos y tienen el corazón hueco. Desean arreglar el mundo y dañan a sus propios hijos.

Inclinó la cabeza otra vez, vencido por la presión interior. ¡Qué miope, qué torpe, qué...!

—Debes regresar a la capital. Tu hija necesita a su padre.

—¿Y por qué? —preguntó apretando un puño con repentina rabia—. ¿Qué culpa tiene esa niña de que se hayan robado a su hermano, de que su madre haya muerto de esa forma y su padre vuelto medio loco? ¿Por qué a unos les va tan bien y a otros tan mal? ¿Dónde está la justicia de Dios? ¡Explíquemelo! Yo solía pensar que a la gente mala le va mal, ¿cuándo fuimos tan malos en mi casa para merecer esto?

El chico discapacitado entró a la sala atraído por los gritos.

—No hay ningún problema —le dijo el sacerdote—, puedes irte.

Pero el joven, inocente, señaló a Xavier con el índice y balbuceó un par de frases ininteligibles.

—No te preocupes —insistió su tutor—. A veces las personas lloramos y luego nos sentimos mejor. A ti también te pasa. ¿Recuerdas?

El joven se retiró sin dejar de mirar al visitante.

—A ver —comenzó Gonzalo—. ¿Tú crees que todos tenemos los mismos derechos?

—¡Por supuesto!

—Pues estás en un error. Ese chico minusválido tiene más que nosotros.

—No entiendo.

—Imagina que entre mil personas, a la señora Pérez le roban su bolsa. En forma automática ella adquiere un derecho que no tienen las otras novecientas noventa y nueve personas. El de que su bolsa le sea devuelta. A eso se le llama "derecho de restitución". ¿Comprendes? Los niños huérfanos, los que nacen enfermos, las víctimas de la maldad, no se lo merecen. Ni sus padres ni ellos pecaron; a la larga se les devolverá multiplicado cuanto se les quitó. Serán bendecidos de forma profusa.

—¿Dónde dice eso? —cuestionó Xavier a manera de objeción—. Muchos versículos bíblicos aseguran que el mal se castiga y el bien se premia, pero no conozco ninguno que declare: "si a un hombre bueno le va mal, Dios lo recompensará posteriormente".

—Pues yo sí. Lo asegura el libro de Job y, sobre todo, el "Sermón del Monte". ¿Te parece poco? Jesús no dice: "bienaventurados los hambrientos porque están purgando una condena que tienen merecida", dice que serán saciados. No dice: "bienaventurados los que sufren porque así aprenderán a ser buenos". Dice: "si sufren, serán consolados, si están enfermos, serán sanados, si lloran, reirán y si son humildes, poseerán el Reino de los cielos". Es el decreto del equilibrio.

—Pero ¿por qué se nos quita algo para después devolvérnoslo? ¡Es absurdo!

—Xavier, vivimos en un mundo en el que predomina la perversidad. Tú lo has comprobado. Muchos acontecimientos negativos son consecuencia de nuestra mala conducta, tal como lo dicta la ley de causa y efecto; pero otros sucesos dañinos simplemente llegan a nuestra vida porque estamos rodeados de maldad. A estas desgracias se les estampa el sello de restitución. No quedarán así. Se recompensará a los que sufren con sobreabundancia de bien.

—Entiendo la mecánica, pero no me gusta.

—Claro. Todos deseamos justicia inmediata. Por eso debemos actuar; ofrecer en vez de reclamar, ayudar en vez de lloriquear. Si no puedes abrazar a tu hijo ausente, abraza a tu hija presente. Conviértete en algo así como un "agente de restitución".

Xavier se dio cuenta de que el chico minusválido espiaba, escondido detrás de la puerta.

—De acuerdo. Me ha convencido. Iré a la capital.

El sacerdote extrajo de su cartera una tarjeta de presentación y se la alargó.

—Si lo haces, aprovecha también para visitar este lugar. Es importante.

Xavier leyó en voz alta el título de la cartulina.

—Dirigentes del mundo... —hizo una pausa— ¿futuro? ¿Qué significa?

—Es un sitio en el que está a punto de brotar algo muy grande. La energía atómica sirve lo mismo para construir que para destruir. Depende en qué manos caiga. Lucio Malagón ha salido de la cárcel.

—¿Cómo?

—Estuvo encerrado cuatro años. Es un tipo maniático y resentido. Está dispuesto a vengarse de Ángel Castillo. También por eso te llamé. Ve al domicilio de la tarjeta, pregunta por la directora y dile que te envía el Padre Gonzalo Gamio. Entrégale este sobre de mi parte.

—No entiendo.

—Una vez que hayas entrado, pide informes. Diles que también te interesa inscribir a un hijo con ellos. Entonces comprenderás.

Miró la tarjeta con recelo.

—Muy bien —se frotó las manos como un luchador que está a punto de iniciar una pelea que ha anhelado durante años—, visitaré a los supuestos "dirigentes del futuro".

---

[1] La fuente del párrafo *Conviérteme en un televisor*, es desconocida. Llegó a manos del autor como regalo en un viaje a Buenos Aires. El dador aseguró haberla obtenido de un periódico en Santiago de Chile.

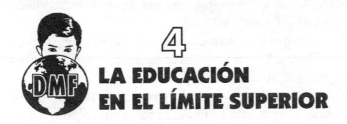

4
LA EDUCACIÓN
EN EL LÍMITE SUPERIOR

Llegó a la capital cerca de las diez de la mañana, alquiló un coche y estudió el mapa. Tenía que atravesar toda la ciudad rumbo al sur. Salió a las congestionadas avenidas y se incorporó a las enormes filas de autos. Vio ríos de gente caminando a paso acelerado por las banquetas, antes de desaparecer en las escaleras subterráneas del Metro. Siempre le había impresionado contemplar la magnitud de la gran urbe. Había algo mágico en su ritmo, como un gigante aprensivo que nunca reposa.

Después de una hora de camino llegó al domicilio impreso en la tarjeta. Se bajó del auto para examinar durante unos segundos la hermosa construcción: Edificio modernista, vidrios resplandecientes, pasillos de mármol...

Al tocar el timbre sintió temor.

—¿A quién busca? —preguntó una voz por la bocina oculta en la cámara de televisión que lo observaba.

—Soy el licenciado Xavier Félix. Vengo a ver a la directora del centro. Traigo un sobre para ella. Me envía el Padre Gonzalo Gamio de Monterrey.

—Momento, por favor.

Después de varios minutos, la puerta se abrió. Apareció un guardia de lentes oscuros, traje, corbata y radiotransmisor al cinto.

—La directora me dijo que podrá atenderlo en treinta minutos. ¿Quiere esperarla?

—Regreso en un rato —antes de retirarse, una idea descabellada lo detuvo; no perdía nada con probar—. Oiga —bajó la voz—, también deseo saber más sobre su sistema educativo. Verá. Tengo una hija y

33

me gustaría llenar una solicitud para que ingrese aquí. ¿Puede adelantarme algo de información?

El guardia estiró la mano hacia el interior de su caseta y tomó un cuadernillo. Se lo dio. Xavier tardó en recibirlo, entorpecido por la sorpresa.

—En este folleto aparecen algunos datos.

Lo tomó sin terminar de creerlo y comenzó a hojearlo con la boca entreabierta. ¡Con cuánta facilidad lo había obtenido!

—¿Qué está haciendo, Pedro? —un recién llegado se acercaba a grandes zancadas—. ¡Éste es un sitio exclusivo! ¡No puede dar información a cualquiera!

El disconforme era un dandy con peluquín, camisa color violeta y llamativas cadenas de oro.

—La directora me ha dicho que sí puedo —respondió el vigilante.

—Pues está mal. Aquí no manda ella. Somos un comité y el comité ha decidido que las instalaciones están cerradas al público. Así que...

El petimetre trató de arrebatar el cuadernillo a Xavier, pero él lo tomó con fuerza y lo guardó en la bolsa interior de su saco.

—¡Devuélvame ese folleto! ¡No puede inscribir a ningún niño aquí, a menos que haya recibido una invitación personal!

Xavier lo ignoró, se dirigió al amable guardia.

—Regreso después.

—Traiga a su hija —contestó con complicidad.

Fue al banco. Necesitaba cambiar un cheque y solicitar la ampliación de su línea de crédito para moverse con desenvoltura en la ciudad. Se formó en la fila, abrió el folleto que le habían dado y comenzó a leerlo:

La educación sobresaliente es el resultado de varios siglos de evolución. Los grandes pedagogos nos han dado la base: **Pestalozzi** creó las escuelas técnicas combinando conocimientos generales con oficios; **Fröbel** instauró los jardines de infantes; **Montessori** inventó la educación activa; **Piaget** realizó estudios sobre el proceso de madurez del cerebro[1]. En la actualidad contamos también con otros traba-

jos innovadores: **Glenn Doman** desarrolló técnicas para que los bebés aprendan a leer, efectúen cálculos matemáticos y manejen datos
enciclopédicos; **Daniel Goleman** propuso las bases de la inteligencia
emocional; **James Dobson** dio pautas para la formación infantil con
valores éticos; **Margarita A. de Sánchez** propagó la teoría trídica de
la inteligencia; **Jaroslav Koch** ideó la moderna estimulación temprana para bebés; **Eduardo Aguilar Kubli** generó un programa para el
desarrollo humano integral; **Luis Alberto Machado** promovió la asig-
natura de inteligencia para propiciar la genialidad...[2]

El sistema para el DESARROLLO MÁXIMO DE FACULTADES®,
entre otras cosas, amalgama las mejores propuestas de los autores
anteriores. Hoy sabemos que es factible elevar el rendimiento de un
niño normal a niveles extraordinarios; para ello, conviene iniciar su
instrucción a muy temprana edad. Así, recibirá estimulación desde el
vientre materno a base de música, masajes, luces y palabras; asistirá a
la escuela desde los primeros meses de nacido y, a partir de los dos
años, ingresará a nuestra llamada "universidad infantil".

La fila del banco avanzó. Delante de él caminaba una delgada mujer de cabello largo, ataviada con un vestido negro muy ceñido. Percibió en sus venas un ligero aumento de ritmo cardíaco, como si se
hubiesen despertado en él visos de atracción. Rechazó de inmediato la
idea y volvió al folleto, pero no pudo continuar leyendo. Se dedicó a
espiar a la dama mirando por encima de la hoja. La vio llegar a la
ventanilla y acomodarse para sacar algunos documentos de su bolsa.
Al mirarla de perfil, la sangre se le paralizó en las arterias. ¿Era una
visión? Apretó los ojos y los volvió a abrir incrédulo. Parecía un
espíritu venido del más allá. ¿Ximena? Nunca supo que tuviera una...
¿hermana menor? ¡Imposible!

La mujer realizó sus trámites bancarios y al terminar se volvió para
retirarse, pero Xavier se le interpuso. La contempló de frente. Era
increíble el parecido. Su fallecida esposa había sido un poco más alta
y robusta, de facciones más redondas. ¡Pero tenía el mismo color blanco de piel, la misma cara oval, los mismos ojos cafés, la misma boca
pequeña! Si alguna objeción pudiera ponerse a la semejanza entre ambas

era que mientras Ximena usó siempre el cabello corto y castaño, esta nueva versión lo tenía largo y negrísimo.

—¿Lo conozco? —preguntó asustada por la forma en que él le había bloqueado el camino.

—¿Usted se apellida Favela?

—No.

—Hubiese jurado que... Disculpe. Se parece mucho a una vieja conocida.

La joven asintió molesta, como si adivinara las intenciones faldereas de un tipo mujeriego, pero Xavier estaba muy lejos de serlo. Se turbó. Desde la muerte de su esposa no había tenido ánimo de relacionarse con ninguna mujer.

—¿Dónde obtuvo ese librito? —preguntó ella.

—¿E... éste? —tartamudeó.

El rimbombante panfleto para dirigentes del futuro tembló en sus manos. Era tarde para esconderlo.

—Eh... Bueno... Trabajo en ese sitio.

—¿Usted *trabaja* en DMF?

Se encogió de hombros.

—Uno tiene que ganarse la vida.

Ella lo analizó entre asustada y enfurecida.

La cajera del banco se desesperó.

—¿Quién sigue?

Xavier dio un paso al frente. La mujer del vestido negro caminó hacia la calle echando miradas furtivas como quien se aleja de alguien infectado por un virus contagioso.

Hizo sus gestiones de la forma más breve posible y salió del lugar. Todavía pudo ver a la mujer en la esquina, haciendo la parada a un taxi. Quiso caminar hacia ella, pero era tarde.

Contempló el infame folleto. Lo hojeó. Leyó una página más.

Vivimos en un mundo de computadoras, pantallas interactivas y menús electrónicos. Todos los aparatos tienen tableros con teclas. El mundo futuro pertenece a los niños que aprendan a manejar con maestría esos pulsadores.

Los expertos en filosofía, historia, arte, dialéctica o ciencias, se subordinarán a los expertos en computación. Cualquier estudio tendrá que complementarse con el manejo de menús interactivos o la sapiencia se volverá un cero a la izquierda.

Actualmente se imparten cursos y carreras completas por Internet. La educación del siglo veintiuno tiende a automatizarse. Los alumnos deben "aprender a aprender" con la única ayuda de una computadora.

¿Te interesa dar a tu hijo herramientas para triunfar en el mundo? Empieza por lo más simple: enséñale a operar teclas, desde bebé. Un niño que investiga el uso de controles remotos, interruptores y aparatos debe ser aplaudido, estimulado, orientado con gran entusiasmo y recibir premios por su curiosidad. Jamás le digas que tal o cual artefacto no se toca con la excusa de que lo puede descomponer. Los aparatos son para tocarse; los botones para oprimirse. No se descomponen al usarse, sólo cambia su funcionamiento. El adulto anticuado se alarma mucho cuando algo pierde su programación y pone el grito en el cielo si ve a un niño acercarse al aparato porque ni él mismo sabe operarlo. Malas noticias para los perezosos: Hay que leer instructivos y aprender. Si no tienen la curiosidad y perseverancia para lograrlo, terminarán siendo "homo sapiens" decadentes, prehistóricos, arcaicos, primitivos, por más que se esfuercen en cultivar otras disciplinas.

Ningún dirigente del futuro le tiene miedo a un tablero de pulsadores. Compra a tu hijo relojes digitales, agendas electrónicas, computadoras portátiles; enséñalo a operar estéreos, conmutadores, faxes, copiadoras, climas programables... Enséñalo a manejar menús interactivos y a dominar todos los aparatos modernos. Si en verdad pretendes ayudarlos a destacar en el mundo, insiste en este importante objetivo de la educación sobresaliente.

Subió a su auto y encendió el motor. Tenía que averiguar, de una vez por todas, a qué se estaba enfrentando.

Llegó al lugar de su cita, estacionó el coche y se bajó decidido.

Pedro le abrió la puerta. Al entrar, el asombro lo detuvo. Casi no podía creer lo que veía. Un artista se hubiera extasiado al contemplar el rebullicio de ese cuadro. Decenas de hombres trabajaban en diversas faenas: pintores deslizaban sus rodillos por las paredes, algunos carpinteros serruchaban grandes tablones, varios colocadores extendían rollos de pasto artificial, dos hombres, colgados de altísimos polipastos, pegaban láminas translúcidas, una cuadrilla de albañiles erigía tabiques sin cesar y capataces con brillantes cascos de metal daban instrucciones, levantando las manos como directores de orquesta.

Avanzó sin dejar de admirar la impresionante escena de movimiento y ritmo.

—¿Cuántas personas trabajan aquí, Pedro?

—Más de ciento cincuenta. Necesitan terminar instalaciones y programas en cinco meses. La escuela se inaugurará entonces.

Entraron al pasillo de privados. Olía a tapiz nuevo. Cuando visitaba algún sitio experimental para niños, no podía dejar de imaginar que quizá hallaría al suyo. Se puso alerta y atisbó el interior de los cubículos; en uno, técnicos de televisión acomodaban cámaras, lámparas y cuadros para filmar algo; en otro, niños pequeños, guiados por un pianista, cantaban a coro; más adelante, chicos bien uniformados practicaban karate, en el siguiente, varias personas, con pluma y papel en mano, analizaban un video de capacitación. Observó también a hombres de traje y corbata alrededor de una maqueta y a estudiosos en una enorme mesa rodeados de libros.

Llegaron a la sala de espera. Una alegre secretaria los recibió.

—El señor Xavier Félix —dijo Pedro—. Viene a ver a la licenciada Cervantes. ¡Ah! Y también le interesa traer a su hija para la prueba de admisión.

—Muy bien —la secretaria fue a directo al punto—. ¿Y la niña?

—No viene conmigo.

—¿Qué edad tiene?

—Trece años.

—¡Oh, es demasiado grande! Aquí los alumnos deben inscribirse, de preferencia, desde los primeros meses de vida y aún antes. El sistema es muy complejo y exigente. Una jovencita de trece años ya se ha forjado. No podría adaptarse.

—¿Forjado? —protestó—. Habla como si se tratara de herraduras para caballos. ¿Qué pretenden? ¿Hacer un ejército de robots? Además, si sólo admiten bebés, ¿qué examen de admisión pueden aplicarles?

—Se les hace un estudio psicométrico para determinar su grado de inhibición diferencial, su respuesta a los estímulos, sus aptitudes manifiestas y sus habilidades potenciales.

—¿Y les cortan el cerebro en pedacitos para verlo al microscopio?

—No —sonrió—. Antes lo hacíamos, pero al armarlo nos sobraban piezas.

A Xavier le hizo menos gracia el chiste de ella, que a ella el de él.

—También tengo un sobrino de dos años. Sus padres lo abandonaron. ¿Lo admitirían aquí?

—Depende. Primero estudiaríamos su situación familiar actual. Si el niño no cuenta con el apoyo incondicional de un tutor, tampoco podría ingresar.

Xavier se enfureció. Una señora de aproximadamente treinta años, finas facciones, mirada seria y vestida con traje sastre, salió de la dirección.

—Buenas tardes. ¿Licenciado Félix?

—Sí.

—Pase, por favor.

Se puso de pie y entró al despacho. La mujer se acomodó en un sillón alto, detrás del escritorio y lo invitó a sentarse frente a ella.

—Soy la doctora Marlene Cervantes, directora de este proyecto.

¡Increíble! Por algunos patrones aprendidos, se había imaginado que la rectora sería una mujer arrogante, emperifollada, de sesenta años de edad, exceso de maquillaje y cabello chispeante. Le extendió el sobre.

—El Padre Gamio, de Monterrey, le envía esto.

—Gracias. Son nuestros programas de ética. Nos hizo favor de revisarlos. A propósito, hablé con él por teléfono y me informó que usted es excelente abogado. Necesitamos asesoría legal. Trabajamos con un grupo piloto de veinte alumnos. Tres de ellos son hijos de padres muy conflictivos. El colegio aún no se abre y ya se han infiltrado intereses malsanos que están a punto de echar abajo todo. Me temo que no puedo explicarle mucho. En este momento tengo, en la sala de juntas, a personas enemigas. Me gustaría que nos acompañara durante la charla con ellas.

—Momento —protestó Xavier—. Hace rato, alguien se me abalanzó tratando de arrebatarme un librito que me dio el vigilante; después una mujer me rechazó en cuanto me vio con ese folleto; al llegar, me topé con un ejército de hombres trabajando como enloquecidos. La recepcionista me informó de los complejos exámenes que aplican a bebés. ¿Qué es esta locura? ¿Quiénes son ustedes? ¿En qué se basan para pretender crear dirigentes del mundo? ¿Es eso ético? ¿Es factible?

—Creí que el Padre Gamio le había dado más datos.

—Pues no lo hizo.

Marlene lo observó desilusionada.

—Por desgracia me es imposible sentarme a charlar con usted *ahora*. Necesito ir al salón adjunto, pero... —volteó a su alrededor como buscando ayuda, al fin tomó una carpeta del librero detrás de ella—. Revise este manual. Se lo damos a los padres para que lo estudien. Aquí encontrará algunos datos sobre nosotros. Si se anima, por favor entre por esa puerta. Su presencia me será de gran ayuda.

La directora salió.

En la portada de la carpeta estaba la fotografía de la cabeza de un águila mirando de frente con la frase: *Si los ojos del líder visualizan, los más grandes sueños se realizan.*

Xavier pasó las hojas sin enfocar la vista. Se puso de pie y caminó por el privado. Había una enorme pintura sepia de dos leones, macho y hembra. Sobre el librero un cuadro insignificante, con el dibujo burdo de un puño cerrado, levantado hacia arriba. Lo analizó. Parecía el boceto de un símbolo. Se quedó asombrado. El temor lo invadió. Al puño le faltaba el dedo meñique. Se llevó ambas manos a la cabeza. En la hacienda de Malagón hallaron una secta de los jóvenes enajenados a quienes se les cortaba un dedo como parte de los ritos y en la sierra de Chihuahua, él mismo había encontrado cadáveres de niños con dedos amputados. Sintió que le aire se volvía más denso. Se sen-

40

tó. ¿Tendría alguna relación el borrador de ese puño con tales horrores? Sólo había una manera de saberlo. Comenzó a leer.

MANUAL PARA PADRES SOBRE EL SISTEMA DMF

Un DMF, DIRIGENTE DEL MUNDO FUTURO es alguien totalmente realizado y lleno de plenitud interior que, aunque tiene una vida normal, a veces trasciende como atleta, líder, inventor, maestro o artista creativo.

Todos los niños sanos poseen un alto potencial, pero sólo algunos lo explotan. Aplicando el sistema DMF, DESARROLLO MÁXIMO DE FACULTADES®, resulta científicamente factible convertir a cualquier pequeño en sobresaliente.

PRIMER PROGRAMA: EDUCACIÓN
EN EL LÍMITE SUPERIOR

Cuando alguien levanta una pesa, su límite superior es el punto en que desarrolla el grado máximo de fuerza. No hay manera de sobrepasar ese límite, pues su organismo se bloquearía. Sin embargo, hay muchas formas de ni siquiera acercarse a él: comodidad, falta de entrega y bajas expectativas.

Los adultos marcamos el nivel de educación y, por lo regular, apuntamos muy bajo. Somos incapaces de soportar la curiosidad de los niños y los obligamos a "no molestar", "no tocar", "no probar", "no hablar". Preferimos hacer por ellos las cosas y verlos inmóviles frente a un televisor. Pero la prioridad de los niños es aprender. Podemos enseñarles cualquier conocimiento si se lo presentamos de forma entusiasta. La apatía es contraria al entusiasmo. ¡Hay que educar en el límite superior! A los niños se les debe estimular, desde pequeños, a enfrentar desafíos, a aceptar cierto nivel de estrés y a luchar con ahínco para superar los retos.

Dice Luis Alberto Machado: «Si me creo capaz de atravesar un río, muy posiblemente pueda atravesarlo; si no me creo capaz, muy posiblemente estoy equivocado. En este sentido, la tarea fundamental de la educación es inducir posibilidades. A lo largo de todo el proceso educativo, hay que exigir, racionalmente, pero hay que exigir. Cuanto más, mejor. Para que las personas den de sí todo lo que pueden, hay que pedirles más de lo que pueden. Y a veces aún ese "más" lo alcanzan. "Es muy inteligente; por eso cuando era niño, podían exigirle tanto". ¿Y no podría ser al revés? (¿que es inteligente gracias a que de niño le exigieron mucho?) "Es muy inteligente, por eso se le puede pedir más que a otros". ¿Y no podría ser al revés? "Es muy inteligente, por eso le enseñaron a escribir y a leer desde muy pequeño". ¿Y no podría ser al revés? "Es muy inteligente, por eso puede practicar con destreza varias disciplinas". ¿Y no podría ser al revés?»[3]

La inteligencia es el resultado de la educación. Si un niño recibe una educación entusiasta, exigente y dinámica, se desarrollará mejor. ¡Hay que educar en el límite superior! Para lograrlo, use la siguiente técnica.

Interrumpió la lectura. Sacó un pañuelo y se limpió el sudor de la frente. No se había equivocado al adivinar que ese sitio era como una parturienta a punto de dar a luz algo tremendo. Tampoco falló al suponer que podía tratarse de un monstruo con hambre de poder. Adelantó varias hojas. No encontró puños incompletos. Tenía que dominar su paranoia y ser objetivo.

Sin pensarlo dos veces se concentró de nuevo.

GENERAR MULTIDISCIPLINAS DINÁMICAS

A. Enseñe a los niños a razonar. Use adivinanzas, rompecabezas, encrucijadas. Indúzcalos a utilizar su mente. No permita la pereza. Hágalos *pensar*.

B. Suba al límite superior los niveles de exigencia, eleve objetivos, aumente expectativas, pida mayor nivel académico que el estándar; adelante, en forma racional, los conocimientos, viendo siempre al niño como capaz de aprender más y no al revés. Sea paciente y asiduo en la enseñanza, cree un ambiente de entusiasmo. Nunca se desespere, pero tampoco se conforme con un nivel mediocre.

C. Suba al límite superior el aprovechamiento del tiempo. Mientras más temprana sea la enseñanza y menos tiempo desperdicie, mejor. Induzca la máxima velocidad en las ideas y en los resultados. No basta con hacer las cosas bien, hay que hacerlas rápido. Cuando enseñe algo nuevo, primero practique con el niño el proceso y después ponga un cronómetro frente a él; con aplausos y elogios ayúdelo a alcanzar la meta cada vez en menor tiempo. Debe buscar el límite superior. No hay DIRIGENTES DEL MUNDO FUTURO lerdos, lánguidos o indiferentes al reloj; los genios se caracterizan por su extremo celo para aprovechar el tiempo. ¿Quiere medir la eficacia de alguien? Observe su velocidad o lentitud de movimientos. El creador de grandeza tiene capacidad para aprovechar cada minuto del día y arrancarle resultados positivos. Quien subestima el tiempo subestima la vida. Sólo poniendo atención a lo importante y actuando con rapidez para lograrlo, se trasciende. "Una persona es menos o más inteligente según el tiempo que emplee para entender; en consecuencia, por lo que a su capacidad mental se refiere, los hombres no se dividen en inteligentes y torpes sino en rápidos y lentos."[4]

D. Suba al límite superior el número de disciplinas enseñadas. Los niños deben tener tiempo libre, pero sin dejar por ello de recibir enseñanza en varias áreas. Al convertirlos en personitas polifacéticas se les crean nuevas conexiones neuronales y vías cruzadas de pensamiento. Esto propicia la genialidad. Un poeta que, por ejemplo, es también abogado, alpinista y maestro de equitación, escribe con mayor creatividad que un simple poeta. Es más inteligente la persona multidisciplinaria que la unidisciplinaria. Por tal razón, hay que poner al alcance de los niños la mayor cantidad de datos, a la menor edad posible. Los pequeños que aprenden diversas disciplinas al mismo tiempo, como natación, gimnasia, música, matemáticas, idiomas, oratoria, etcétera; son más creativos e inteligentes que los niños educados en ambientes convencionales en donde sólo se les enseña a "portarse bien". El mejor especialista adulto es aquel que tiene una visión multifacética. Dice Machado: "La inmensa mayoría de los hombres que hoy figuran en la historia como genios, tuvieron la mente diversificada hacia muy variados campos de pensamiento; Leonardo da Vinci, por ejemplo, fue ingeniero y precursor de la aviación y experto en artillería y en óptica y en anatomía y escritor y químico y filósofo y poeta y músico y físico y geómetra y arquitecto y pintor. No se dedicó a tantas actividades porque fuera genio, en realidad fue genio gracias a que se dedicó a todas ellas; indiscutiblemente la persona prominente de ideas dirigidas a una sola vía no es la regla sino la excepción."[5] Si alguien posee dos vías de pensamiento, puede combinar sus recursos de dos formas: 1-2 y 2-1; si posee tres vías puede combinarlos de seis maneras 1-2-3, 1-3-2, 2-1-3, 2-3-1, 3-1-2 y 3-2-1; si posee cuatro vías sus combinaciones ascienden a veinticuatro; si tiene cinco, sus posibilidades aumentan a ciento veinte; y, si posee seis, sus opciones llegan a setecientos veinte. Las multidisciplinas en el límite superior son una llave mágica que eleva de forma explosiva el nivel de creatividad.

En la sala adjunta se escuchaban las voces de personas discutiendo. Levantó la vista. Movido tanto por la curiosidad, como por su naturaleza beligerante de abogado, se puso de pie y fue directo a la oficina. Tocó la puerta y abrió el picaporte al mismo tiempo. La discusión en el interior se detuvo.

—¿Puedo pasar?

—Adelante.

La administradora lo presentó:

—El licenciado Xavier Félix, oyente jurídico, experto en abuso infantil.

El título lo complació, pero sobre todo, le asombró que esa mujer supiera datos tan precisos sobre él. Tomó asiento en un extremo de la mesa. No pudo evitar que sus manos juguetearan con el bolígrafo mientras esperaba que los polemistas continuaran su debate, pero nadie habló. Las miradas se posaron en él.

---

[1] Algunos grandes pedagogos. Hombres y mujeres célebres. Tomo XVIII. W. M. Jackson, Inc. Grolier Internacional, Inc. *El nuevo tesoro de la juventud.*

[2] Para profundizar en las teorías de los autores mencionados se sugiere adquirir su bibliografía específica detallada en la página de lecturas recomendadas (P. 222).

[3,4 y 5] Luis Alberto Machado, *La revolución de la inteligencia,* Seix Barrral, México, 1977.

5
PADRES CON ALTO POTENCIAL

Le resultó fácil identificar los bandos. Junto a la joven directora, una consejera; frente a ellas, cinco rivales: El dandy de rosado que quiso arrebatarle el folleto, un sujeto de barba canosa con una enorme cadena de oro colgada del cuello y tres mujeres estiradas que no se quedaban atrás en ostentación: joyas, ropa elegante y evidentes cirugías de nariz, cara y sólo Dios sabía de qué más. Sonrió un poco. ¿De dónde habían salido esos figurines?

—Así que ha invitado a un abogado —espetó al fin el hombre de barba entrecana—, ¿está tratando de amenazarnos?

—No. Pero lo que pretenden hacer es ilegal.

—¿Ilegal? —se puso de pie—, ¿por qué? —abrió ambas manos en forma retadora—. Somos padres inscritos en el grupo piloto. Éste también es *nuestro* proyecto. Además, los señores Camacho, aquí presentes, aportaron el dinero para construir estas instalaciones y ellos nos apoyan.

—¡Prestaron dinero, pero no son fundadores, ni ideólogos, ni directores! Les devolveremos cada centavo que invirtieron y, aunque les pese, esta escuela será para todos los niños, sin importar el poder político de sus padres. Sólo exigiremos principios éticos. Algo que ustedes no tienen.

Si con los ojos fuera factible matar, la directora hubiera caído fulminada en el acto. Sus oponentes la miraron con odio. Hubo segundos de silencio como ocurre justo antes de la arremetida de un huracán: la energía se repliega y toma fuerza para atacar con todo su aplastante vigor.

—¿Está diciendo que no estamos a la altura de sus mojigatos ideales? —cuestionó el mariquita.

—Estoy diciendo que la ciencia sin ética crea monstruos, señor Rivera. Su hijo de siete años tiene problemas de sexualidad, ha estado expuesto a la pornografía desde pequeño. En las clases del grupo piloto lo han sorprendido leyendo ese tipo de revistas —se dirigió ahora al hombre que aún estaba de pie—: Señor Durán, sus hijos comentan que engaña a su esposa y ella a usted, además, se insultan a gritos todo el tiempo.

El barbón palideció. Después se echó sobre su asiento como el gigante que ha sido puesto fuera de combate con una modesta honda.

—¿Cómo se atreven... —protestó Rivera acentuando sus gestos amanerados—, a juzgar a nuestros hijos? ¡Mujeres retrógradas! Quieren enseñar "en el límite superior" y se asustan cuando a un niño se le brinda información sexual desde temprana edad. ¿Qué hay de malo en que los niños sepan lo que todos hacemos en secreto?

Marlene Cervantes respondió con seguridad:

—Tenemos un ideario para educar a los niños y para enseñarles sexualidad.

—Eso huele a basura moralista.

El sujeto de barba entrecana, apenas recuperado de la cuenta regresiva en la lona, contraatacó.

—Concluyamos esta desagradable charla. Dado que ustedes se han mostrado intransigentes y, además, se han atrevido a difamarnos, la siguiente vez que hablemos, también será en presencia de nuestros abogados.

—¿Por qué no nos calmamos? —sugirió la asistente de Marlene Cervantes—. Si nos plantean una propuesta, tal vez hallemos la solución.

La mujer más engreída tomó la palabra y comenzó a explicar con hipócrita mesura:

—Hace tres años ustedes nos invitaron, a mi esposo y a mí, a aportar dinero para fundar este proyecto. Lo hicimos con gusto. Todo iba muy bien hasta hace unas semanas, cuando se abrió el grupo piloto. ¡Dejaron que se inscribiera gente del vulgo! Para información de su abogado, yo soy Flor Camacho y mi esposo domina el medio artístico. El hace "ídolos"; puede convertir en estrella a cualquier cantante o hacerlo caer de la noche a la mañana.

—No exageres —musitó entre halagado y molesto, el hombre sentado al lado de ella.

—¡Es la verdad, cariño! Aquí están también los Durán y los Rivera, importantes dirigentes del partido político dominante. Como ve —dijo mirando a Xavier—, está hablando con gente especial. La directora no quiere comprender que, como su nombre lo indica, el proyecto DMF, debe ser un liceo exclusivo para los próximos líderes. Estamos planeando algo muy importante. La doctora Cervantes pretende instruir a cualquier niño con técnicas avanzadas, dándole armas poderosas a gente ordinaria. Me parece algo muy grave. Un proyecto tan ambicioso debe estar bien controlado.

—¿Controlado por quién? —preguntó Marlene—. Adolfo Hitler pensaba igual.

La elegante disertadora enrojeció.

—Estamos haciendo el último intento para llegar a un acuerdo pacífico. Aprovéchenlo o van a perderlo todo. Mi esposo y yo podemos obligarlos a devolvernos nuestro dinero de forma inmediata o, en su defecto, recogerles el inmueble con todos sus contenidos.

El marido de doña Flor asentía como un apocado dominado por su esposa. Xavier volteó a ver a la doctora. Por su cara no le cupo la menor duda: la "hacedora de ídolos" estaba diciendo la verdad.

—¿Cuál es su petición precisa? —preguntó la asistente de Marlene.

—Que el personal siga preparando la apertura del centro educativo, que suspendan el grupo piloto, detengan la información al público y se nos dé a nosotros la concesión de promover el sistema y seleccionar alumnos.

—¡Vaya! ¿Y podemos saber cómo harían todo eso?

La diosa de los artistas se negó a contestar. Entonces la señora Durán le arrebató la palabra y despepitó:

—Enviaremos invitaciones a las personas prominentes del país. Realizaremos una magna inauguración con gente seleccionada. Vendrá, fuera de la agenda oficial, hasta el mismo Presidente de la República. Promoveremos el sistema como un centro privado altamente restringido, donde los socios pagarán una membresía vitalicia. Aquí se preparará a la nueva generación de dirigentes. Además de contar con el sistema más avanzado en educación, propiciaremos la unión de afiliados poderosos para lograr una enorme sinergia.

Xavier se quedó pasmado ante las palabras de la mujer. Como si le hubiese caído un balde de agua helada, conjeturó quiénes patrocinaban esos bandos opuestos.

—María Luisa y Ángel Castillo fundaron este lugar, ¿verdad? —pensó en voz alta—, y ustedes deben ser amigos del psiquiatra Lucio Malagón.

Intercambiaron algunas miradas.

—Se equivoca —pero no aclararon más.

—Como puede ver —concluyó la doctora Cervantes dirigiéndose a Xavier—, el problema es difícil. Los señores no entienden que todos los niños bien instruidos dirigirán el mundo futuro y que tratar de hacer privativo de unos cuantos los avances educativos va en contra de la misma educación. Aunque a ellos les pese, yo soy la autoridad aquí y el sistema se aplicará en una escuela normal. Eso es todo.

—Muy bien —profirió Durán—. Pronto recibirán noticias nuestras.

Los cinco antagonistas se pusieron de pie y desfilaron uno detrás del otro sin despedirse. Rivera fue el último y recalcó su vulgaridad dando un portazo después de salir.

Marlene Cervantes, la asesora técnica y Xavier se miraron sin hablar. Las vibraciones negativas de la reciente gresca los inmovilizaban.

—¿Qué tan grave es en realidad la situación? —preguntó Xavier.

Marlene se aclaró la voz y comentó con aparente calma:

—El proyecto es vulnerable hasta que se logre instaurar la escuela. Mientras tanto, todo puede suceder —parpadeó repetidas veces y se dirigió a su compañera—. Fabiola, no tuve ocasión de presentarte al licenciado Félix.

La asesora inclinó la cabeza en señal de saludo. A ninguno le apetecían las formalidades sociales en ese momento.

—Tampoco pude darle una adecuada bienvenida. Nos agrada tenerlo entre nosotros. Estamos enterados de cómo ha luchado contra la corrupción y el poder de las más complejas mafias. Apreciamos mucho su valiosa experiencia.

—¿Mi experiencia? ¿Me han investigado?

Marlene lo observó con la transparencia de alguien que no se atreve a mentir.

—Sí... Lo siento. No se moleste, pero sabemos todo sobre usted. Trabaja en finanzas; hace cuatro años le robaron a su hijo menor; tiene una niña de trece a quien no ha visto desde entonces y un sobrino de dos años a quien no conoce; su esposa falleció en la sierra de Chihuahua; como abogado es uno de los más competentes; toda su energía está encaminada a hallar a los culpables de robos y extorsión de menores y, gracias a su intervención, han encarcelado a más de veinte delincuentes.

Xavier crispó los puños. ¡Y pensar que estaba alegre, tanto por haber hallado un proyecto dudoso, como por haberse abierto camino hasta su núcleo con bastante facilidad! ¡Iluso! ¡Ellos lo estaban esperando!

—Saben todo de mí, pero eso no significa que yo quiera ayudarlos. Detecto cierta incoherencia. Tienen problemas con un grupo elitista y ustedes también lo son. La secretaria me dijo que no admitirían aquí a mi hija, por ser mayor de edad, ni a mi sobrino, por no vivir con sus padres. Si aman a los niños ¿por qué les cierran las puertas?

Fabiola no parecía tener la suficiente paciencia para sentarse a conversar con un nuevo inquisidor.

—El sistema de DESARROLLO MÁXIMO DE FACULTADES® no es para chicos abandonados —comentó—. Sólo puede aplicarse con la colaboración de padres responsables.

—¿Ah, sí? —protestó Xavier—. ¿Y yo soy para ustedes un buen abogado a quien pueden utilizar, pero un padre irresponsable a quien deben rechazar?

—Fabiola no quiso decir eso —aclaró Marlene.

—Pues eso dijo.

—Licenciado Félix —intervino Fabiola, defendiéndose—, iniciamos un programa escolar para familias estables, no por elitismo sino por eficacia. Si usted le propuso a nuestra secretaria inscribir aquí a un sobrino a quien ni siquiera conoce, me parece lógico que ella lo haya rechazado. Los adultos debemos hacer dos cosas por los niños: proveerles de buenos instructores y participar activamente en su instrucción. Así, si usted paga a su sobrino clases particulares de piano, debe ayudarlo a practicar a diario; si lo inscribe en la escuela de fútbol, debe acompañarlo a los entrenamientos y partidos. Hay que dar dinero, pero no basta con ello. Se requiere brindar apoyo y presencia personal. A mis conocidos les digo, por ejemplo: "¿Por qué tu hijo de seis años no sabe montar a caballo, no toca el violín, no patina sobre hielo, no esquía en la nieve, no escala montañas, no juega tenis, no habla francés? La respuesta es obvia: ¡Simplemente porque no le has enseñado! Y no le has enseñado porque tú mismo no sabes, y no sabes porque nadie te lo enseñó a ti cuando eras niño. Ahora te pregunto: ¿Tú crees que si a tu hijo lo instruyeras con paciencia, tiempo y dedicación en cualquiera de esos conocimientos o en todos ellos, los aprendería? ¡Claro!" Sin embargo, señor Félix, aún blandiendo esa lógica inobjetable, la mayoría de los padres sonríen alelados, pero no hacen nada. ¿Y sabe por qué? ¡Por pereza, por tener prioridades erradas! ¡Caramba! ¡Los adultos somos miopes! Mejor dicho, haraganes, apáticos, desidiosos. Invertimos en todo menos en la educación de nuestros hijos. ¿No le parece una terrible tragedia? Para actuar como verdadero padre, hay que cubrir el importe de las clases, pero también apagar el televisor, ponerse los zapatos deportivos y salir a jugar con el niño, correr tras él mientras aprende a andar en bicicleta, ayudarlo a armar su autopista, apoyarlo a preparar sus concursos, leerle un cuento por las noches, dedicarle las tardes y los domingos. ¡Enseñarle! ¡Jugar con él! ¡Estar ahí! ¿Comprende?

Xavier no respondió. Tenía la respiración agitada y el pulso rápido. Sentía cual si Fabiola le hubiese clavado una daga. No necesitaba que nadie le recordara su negligencia por haber abandonado a Roxana durante cuatro años. Se aclaró la garganta.

—Oiga, ¿por qué no le habló así a los tipos que acaban de salir de esta oficina?

—Lo siento —la voz de la mujer tembló un poco—, pero soy psicóloga infantil y este proyecto es una de las pocas iniciativas buenas que he visto. No soporto lo que está pasando.

La directora intervino en un tono más suave y pausado.

—Licenciado Félix, la educación en el límite superior es un estilo de vida. Existen muchos obstáculos para alcanzarlo; el primero, la falta de disposición de los padres. Ningún sistema educativo funciona si no lo respaldan en casa. Por ejemplo, la mayoría de los adultos se enfurecen cuando ven a un niño romper un vaso de cristal, jugar con cinta adhesiva, decorar la habitación con papel higiénico o apretar las teclas del aparato de sonido. ¡Los padres deben cambiar sus paradigmas! No digo que permitan destrozos, pero sí que enseñen a los niños a manejar cada material, guiándolos hacia la investigación sana y no regañarlos si rompen algo que estaban usando o aprendiendo a usar. Las cosas sólo valen dinero y el dinero es la colegiatura para lograr el invaluable aprendizaje de los hijos. La curiosidad marca el inicio de todos los avances científicos. Al propiciarla educamos en el límite superior. Por desgracia, la mayoría de los padres lo que hacemos es bloquearla. En su niñez, Alejandro Fleming, analizaba todo, también coleccionaba plantas e insectos. Cuando creció, halló un pan enmohecido en las ventanas del hospital. Estaba contaminado y causaba repugnancia; lo lógico hubiera sido cogerlo con pinzas para tirarlo a la basura. Fleming prefirió llevárselo a su casa y al examinarlo halló un hongo que segregaba una sustancia destructora de bacterias. Si en la infancia, su madre le hubiese reprendido cada vez que tocaba algo sucio, él jamás hubiese descubierto la penicilina.

Todo sonaba demasiado lógico, pero Xavier aún tenía abierta la incisión producida por la efusiva asesora.

—Supongamos que un padre está "dispuesto". En concreto, ¿cómo puede elevar los objetivos del aprendizaje, tiempos y multidisciplinas?

—Específicamente creando, con sus hijos, ritos en el límite superior.

—¿Ritos? Me suena a esoterismo.

Fabiola se adelantó, sin ocultar sus visos de impaciencia:

—Señor Félix, los ritos son procedimientos familiares impuestos por tradición. Todos los practicamos, desde rutinas de sueño, trabajo, juegos, aseo, alimentación, orden y lecturas, hasta la manera de resolver problemas o convivir en fechas especiales. Para empezar debemos revisar los ritos actuales de cada niño y adaptarlos al límite superior. ¿Cómo? Agregando actividades constructivas, colocando grandes relojes a la vista, optimizando horarios, creando procedimientos eficaces y propiciando hábitos más sanos.

—¿No estaríamos creando un activismo neurótico?

—¿Por qué? Todo proyecto se expande hasta abarcar el tiempo disponible. Si tengo una semana para escribir una carta, la pienso, la bosquejo, la repito, un día antes la escribo y, en el último minuto, la llevo al correo. Si tengo una mañana para contestar veinte cartas, en esa mañana las termino. Así, no es el ritmo de trabajo rápido o lento lo que propicia la culminación puntual de nuestras actividades, sino el tiempo permitido lo que propicia que el ritmo de trabajo sea rápido o lento. Es una ley: sin presiones de tiempo, todo esfuerzo disminuirá con la tendencia a cesar por completo. Cuando los padres le enseñan al niño a organizar sus actividades, a programar sus horarios, a terminar sus trabajos con exactitud, a cumplir sus metas en las fechas proyectadas, a llegar puntualmente a sus citas, los encauzan hacia la verdadera productividad. Hay niños que practican dos deportes, toman clases de música y pintura, hacen su tarea y les alcanza el día para jugar y ver media hora de televisión. ¿Por qué? Porque sus padres les han inculcado ritos en el límite superior y le aseguro que son niños más felices y realizados que aquéllos a quienes a duras penas les alcanzan las horas para concluir mediocremente sus tareas, quejarse y hacer rabiar a sus padres.

—Pues me sigue pareciendo innecesario forzar a los niños —dijo Xavier—. En el límite superior hay cierto grado de dolor, no me lo puede negar.

—El dolor es bueno, a veces. Una persona de éxito da su mejor esfuerzo aunque eso le duela un poco.

—¿Lo ve? ¡Su sistema es peligroso! Quizá algunos adultos inestables lleguen a maltratar a los niños con el argumento "el dolor del esfuerzo es bueno".

Marlene había agachado la cabeza; Fabiola lo observaba con tristeza.

—Tiene razón en desconfiar —dijo Marlene—. Admito que muchos adultos pueden malinterpretar nuestro sistema. En una ocasión vi cómo dos personas ineptas forzaban a una niña de siete años a nadar. La pequeña le tenía miedo al agua; sin embargo, su profesor le apretó el brazo y la metió en la alberca con brusquedad, exigiéndole a gritos que se zambullera. La niña lloraba, no quería obedecer. A la primera oportunidad se salió de la piscina y corrió por el pasillo, pero su padre le cerraba el camino blandiendo un cinturón. La chica volvió sobre sus pasos para huir del látigo y halló al maestro enfurecido, señalando la alberca para obligarla a regresar al agua.

—Una escena repugnante.

—Así es —aceptó la directora—, no de educación sino de violencia. Para enseñar en el límite superior hay que *amar* al niño, callar cuando habla, escucharlo con atención, intuir sus sentimientos, participar en la conversación con exclamaciones como "¿de veras? ¡no me digas! ¡es increíble!", explicarle con paciencia, plantearle retos, observarlo de cerca, sin ayudarle, buscar sus aciertos para abrazarlo, felicitarlo, aplaudirle y hacerlo sentir realmente importante. ¡Recordar que no es posible exigir el nivel "C" sin haber dominado el "B"! La educación sobresaliente avanza paso a paso, sin obligar al niño a hacer algo por encima de sus capacidades, sin producirle tensiones emocionales, motivándolo a disfrutar cada actividad para que ponga todo de su parte en aprender con más eficiencia y rapidez. Sólo si el educador *ama* al niño, puede enseñarle en el límite superior.

—Son ustedes muy convincentes.

Fabiola se entusiasmó.

—Y eso que no ha escuchado hablar a otras personas sobre el proyecto. Kelda, la jefa de investigadores, por ejemplo, escribe los planes y programas, diseña los videos de capacitación. ¡No se imagina lo elocuente que es!

—¿Quién fundó todo esto?

Fabiola enumeró con los dedos de la mano:

—Kelda Kempis, el cerebro del sistema, Marlene Cervantes y su esposo Eduardo, los administradores, Ángel Castillo el apoderado legal... Detrás de ellos hay un equipo de profesionales muy comprometidos. ¡Ah, lo olvidaba! Y Camacho... Se unió a nosotros hace tiempo para financiar el proyecto. Como pudo ver, nuestro capitalista se convirtió en un Judas Iscariote...

Xavier sonrió.

—Y a Ulises, el hijo de los Castillo, ¿cómo le fue después de que salió de aquel "campamento"?

—Regular. Lo hicieron adicto a una sustancia química desconocida. El síndrome de abstinencia fue tan grave que el niño, días después de su rescate, se golpeó la cabeza con tal desesperación que se fracturó el cráneo. Su recuperación ha sido larga y compleja.

Xavier se dio cuenta que su desconfianza se había disipado para dar paso a un sentimiento más noble: la fraternidad.

—Yo sé lo que es sufrir por los hijos —confesó—. Perdí al mío. No he tenido noche en paz desde entonces. Sólo un padre que haya padecido la misma desgracia puede comprenderme. Es como tener el alma en carne viva, soportar un dolor agudo que no cesa nunca. Sé, lo que es el infierno en la Tierra —tragó saliva e hizo una pausa breve—. La resignación nunca llega, siempre creo que encontraré a mi hijo; con frecuencia pienso que me está llamando desde algún lugar y yo no puedo ayudarlo.

Una bruma de depresión oscureció su entendimiento. Agachó la cabeza.

—Xavier, me gustaría invitarlo a formar parte de nuestro sueño. Únase a nosotros.

—¿Qué necesitan?

—Que analice la situación financiera y legal de la empresa para prever cualquier ataque de los elitistas.

—Adelante. ¿Puede mostrarme los documentos?

Marlene asintió. Se puso de pie para entrar al privado y dirigirse hacia una esquina del cuarto. Xavier la siguió. Fabiola cerró la puerta con llave mientras la directora abría el guardarropa, retiraba dos enormes pacas de cartón vacías y dejaba al descubierto una caja fuerte de piso a techo. Marcó discretamente la combinación y abrió la pesada puerta.

—Aquí guardamos programas académicos, manuales de operación, diseño de instalaciones, videoconferencias, documentos financieros, contratos, presupuestos, condiciones de pago. Todo.

—Vaya —comentó Xavier observando el interior—. Esto es un tesoro.

Repentinamente miró el cuadro, a lápiz, del puño levantado como un símbolo de protesta.

—Y eso —preguntó—, ¿qué significa?

—Lo pintó mi hija de siete años. Es muy creativa. Posee grandes habilidades, ¿no le parece?

Xavier asintió, luego sonrió y después comenzó a reír a carcajadas. Había sido una pista falsa. Quiso preguntar a Marlene si en las clases de pintura que la niña recibiría en el futuro incluirían un tema para enseñarle cuántos dedos tiene una mano.

—¿De qué se ríe?

—De nada —rió un poco más, se limpió las lagrimas provocadas por la risa—. Disculpe; pero, de pronto me di cuenta de cuan paranoico estoy.

Logró controlarse ante la extrañeza de las directoras.

Extendieron los documentos sobre la mesa y durante las siguientes horas hicieron un análisis detallado de la situación.

A las siete de la noche, cuando casi todos los trabajadores se habían retirado, se oyeron gritos afuera de la oficina.

La secretaria irrumpió sin tocar.

—¿Qué hacemos? ¡Están robando la escuela!

Marlene se quedó paralizada.

—Llame a la policía —dijo Xavier—. Ustedes —se dirigió a las directoras—, escóndanse. ¡Pronto!

Corrieron de un lado a otro.

—¿Estás segura? —preguntó Fabiola—. ¿Tú los viste?

—Sí. Son dos hombres. Vienen armados.

—Cortaron el teléfono —dijo Marlene descolgando el aparato.

La puerta de madera se abrió. Un sujeto alto, con el rostro oculto tras un pasamontañas negro y enarbolando una sofisticada arma de alto calibre, apareció frente a ellos. La escena, espectacular y grotesca, rayaba en lo irreal. El tipo dio dos pasos y les apuntó con su arma. Afuera se escuchaban gritos. Parecía que el otro miembro de la banda estuviese golpeando a los empleados.

—¿Quién es el director?

Nadie habló. Marlene estaba mortalmente pálida. El delincuente se movía como un terrorista experimentado.

—¿Qué buscas? —le preguntó Xavier.

—¿Dónde están las cosas de valor?

—No tenemos...

El hombre se adelantó y le puso la pequeña metralletn el cuello. El contacto de su piel con el hierro lo hizo estremecer.

—Hay una caja fuerte —musito Xavier—. Pero sólo guardamos papeles.

—Enséñamela.

Condujo al desconocido hasta el guardarropa y al caminar se arrepintió de lo que estaba haciendo. Tal vez los sujetos querían precisamente esos documentos. Después de todo valían una fortuna.

La caja fuerte estaba abierta. El tipo revolvió papeles y videocintas, pero lejos de alegrarse por el hallazgo, se enfureció. Buscaba lo más barato.

—¡El dinero! ¿Dónde tienen el dinero?

—No hay. Aquí no tenemos.

El desconocido le encajó el cañón en la garganta con más fuerza. Xavier creyó que estaba a punto de morir.

—No hay dinero —dijo Marlene—, pero sí cámaras de video y computadoras. Llévenselas.

—¡Pónganse de espaldas a la pared, con las manos en la nuca!

Las tres mujeres aterradas obedecieron. Xavier intentó apartarse, para quitar de su garganta el cilindro mortal, pero el terrorista lo detuvo por el cabello.

—Tú métete a ese closet. Si te asomas, te mato.

El hombre sacó de su pantalón unos trozos de soga. La situación se había complicado. A todas luces se adivinaba que pretendía abusar de sus rehenes femeninas. Xavier entró al armario respirando agitadamente. ¿Qué podía hacer? ¿Cómo defender a sus nuevas compañeras sin ocasionar una desgracia mayor? No las oyó gritar, pero adivinó que el hombre las estaba amarrando.

⑥ EL TIEMPO APREMIA

Una sensación de impotencia lo invadió. Después de un tiempo que le pareció eterno, la puerta del guardarropa volvió a abrirse. El hombre le apuntó a la cara con el arma. Las mujeres estaban tiradas en el piso, atadas de pies y manos. Tenían su ropa puesta. Al parecer, el sujeto se limitó a manosearlas lascivamente mientras les quitaba sus pertenencias de valor: Relojes, pulseras, cadenas, monederos.

—Tú me vas a acompañar —le ordenó a Xavier.

Afuera ya no se escuchaban gritos ni protestas. Los demás empleados habían sido amagados por otro caco que salió al encuentro del primero. También iba encapuchado.

—Este amigo —dijo refiriéndose a Xavier—, nos va a ayudar a cargar todas las cosas.

Entraron a la sala de investigación. En el suelo se encontraban varias personas inmóviles. Curiosamente no estaban atadas. Un hombre se quejaba; parecía haber sido golpeado de forma brutal. Al fondo de la sala gemía una mujer boca abajo, descalabrada. Las doce computadoras estaban amontonadas cerca de la puerta.

Xavier comprendió que debía cooperar con los ladrones para que se fueran pronto.

—¿A dónde las llevo?

—Al estacionamiento.

Levantó un gabinete y caminó. Pedro, el vigilante, estaba sentado, apoyado contra la pared, inconsciente. Pasaron junto a él. Los dos ladrones traían consigo cámaras de video, carteras y algunas llaves que quitaron a sus víctimas. Oprimieron los controles remotos, atentos a qué coche se abría. Eligieron dos camionetas. Xavier, siempre con la cabeza inclinada, vigilado por uno de los hombres, fue y vino cargando equipos electrónicos. También subió una caja de software en discos compactos. Terminó de acomodarlos y se atrevió a pedir a los delincuentes que huyeran.

—Claro, ya nos vamos, pero te dije que tú vienes con nosotros. Sube. Vas a manejar una de las camionetas y, si tratas de hacer una tontería, te mato. No estoy jugando.

Apretó los labios. Como rehén de esos sujetos se expondría a lo más grave.

Analizó el problema con rapidez. Eran sólo dos ladrones. Si echaba a correr entre los coches tal vez lograría escabullirse, pero ignoraba si había algún pasadizo por dónde escapar, de lo contrario, lo alcanzarían y lo convertirían en coladera con las metralletas.

Miró hacia la puerta de las oficinas. Pedro se había puesto de pie tambaleándose como si estuviera ebrio.

—¿Qué esperas? ¡Vámonos!

Xavier subió al vehículo justo cuando una sirena de emergencia comenzó a sonar.

—¿Y eso?

—El guardia encendió la alarma. ¡Te dije que lo amarraras!

Xavier aprovechó la confusión de los ladrones para salir del coche y correr. Se ocultó detrás de los autos. La alarma sonaba sin cesar. Tal como lo había pensado, los maleantes comenzaron a disparar. Se agazapó entre los coches. Percibió la cercanía de las balas, el sonido de las láminas y los cristales al ser perforados por los proyectiles.

Un claro en la mampostería permitía la salida hacia la calle. No lo dudó. Hizo acopio de fuerza y valor. Saltó y cayó sobre la acera. Corrió hacia la avenida provocando que los vehículos frenaran de súbito para no atropellarlo. Por fortuna no hubo ningún accidente. La alarma del edificio seguía sonando. Una patrulla se acercaba por la calle.

Las dos camionetas robadas salieron del edificio huyendo a toda velocidad.

Tardó en regresar. Estaba muy asustado.

Cuando llegó al inmueble encontró un terrible caos. Los ladrones habían empleado diferentes técnicas para amagar a sus cautivos. Uno de ellos, el que entró en la oficina, fue sumamente violento. Golpeó y patcó a un hombre, descalabró a una mujer con la cacha de su arma y usó sogas cortas para amarrar a los demás. El otro prefirió inmovilizar al resto de la gente con drogas tranquilizantes.

Xavier ayudó a desatar a los empleados. Recibió a los paramédicos y les indicó dónde estaban los heridos. Luego, fue a la dirección. Marlene se hallaba muy alterada; Fabiola lloraba.

—¿Qué pasó? ¿Qué se llevaron?

—Vaciaron el edificio —les informó Xavier—. Arrancaron las cámaras de video de cada salón, desconectaron las computadoras y las echaron en dos coches del estacionamiento para huir.

—¿Hubo heridos?

—Sí.

Marlene y Fabiola corrieron a ver quién de sus compañeros había sido lastimado. Xavier caminó detrás de ellas. En la sala de investigación, tres sillas hacían las veces de camilla improvisada. Sobre ellas yacía un cuerpo rodeado de curiosos y paramédicos.

—Traté de impedir el robo —decía la mujer herida—, pero me golpearon. Se llevaron todo.

La directora se abrió paso.

—¡Marlene, se lo llevaron todo! ¡Nuestro libro del sistema! ¡Estaba casi terminado! Se lo llevaron...

La joven lastimada se incorporó para abrazar a la doctora Cervantes. Tenía una fea abertura en la frente que sangraba copiosamente. El paramédico trataba de tranquilizarla mientras le ponía una gasa.

—Relájate, Kelda —le dijo Marlene—; todo se arreglará.

¿Kelda?

Xavier la observó, recordando las palabras de Fabiola: "Ella es el cerebro del sistema, escribe programas, diseña los planes de capacitación y no se imagina lo elocuente que es..."

En esa posición maltrecha no parecía muy persuasiva, pero Xavier observó sus dientes perfectos, sus ojos tristes y aún más, su vestido pegado al cuerpo que resaltaba las curvas femeninas. ¿Qué le estaba pasando? Recordó haber sentido en el banco, esa mañana, atracción hacia una mujer por primera vez en cuatro años ¡y he aquí que ahora el fenómeno se repetía! Pero no era de extrañarse, ¡pues se trataba, ni más ni menos, de la misma mujer!

No podía apartar la vista de ella, incapaz de dilucidar si la simpatía fulminante que lo invadía al verla, la provocaba el parecido que tenía con su difunta esposa o su propio encanto personal.

Kelda lo miró.

Él sonrió como diciendo "¿ya ves que sí trabajaba aquí?"

La joven cerró los ojos y se recostó otra vez para dejarse curar.

A las once de la noche, después de atender, como abogado de la empresa, a la gente del Ministerio Público y hacer todas las declaraciones pertinentes como principal testigo del atraco, salió del local. Se sentía abrumado. Quizá no era la mejor hora para visitar a su madre, pero ése había sido el motivo central de su viaje a la ciudad. Condujo muy despacio durante treinta minutos. Iba decaído, como el hijo pródigo que vuelve después de gastar su herencia.

Llegó a la casa. Por fuera, la fachada seguía idéntica. Se adivinaba que había sido pintada recientemente, pero del mismo color que usaban desde su infancia. En ese sitio aprendió a leer y a andar en bicicleta, veló a su padre cuando murió de cáncer en el esófago y se enamoró de una de las amigas de su hermana menor. ¡Cuántos recuerdos encerrados entre esas paredes!

Bajó del auto, respiró hondo varias veces, y oprimió el timbre. A pesar de la fresca noche, le escurrían gotas de sudor por la frente. Nadie respondió. Volvió a tocar. Su corazón latía a gran velocidad. ¿Y si abría Roxana? ¿Qué haría? ¿Abrazarla sin dar importancia a su confusión o charlar pausadamente esperando que ella misma adivinara la identidad del recién llegado?

A punto de volver a tocar, la puerta de madera se entreabrió hasta el tope permitido por la cadena de seguridad. Una voz trémula preguntó quién era. Se identificó. Escuchó un grito; no pudo definir si de susto o de alegría. La puerta se cerró para abrirse de nuevo. Su madre apareció. Se miraron durante unos segundos. Se veía más vieja pero también más linda. El tinte color castaño le ocultaba las canas, vestía una bata de seda floreada y se apoyaba en un bastón.

60

—Xavier...

La abrazó. Su báculo cayó a un lado.

—Perdóname.

—¿Dónde has estado tanto tiempo?

—Viajando. Buscando a mi hijo.

Se separó y lo observó de frente.

—Tú no eres el único que ha sufrido por desconocer dónde está su hijo.

—Perdóname, mamá —repitió.

—No importa. Qué bueno que llegaste.

Se agachó para levantar el bastón y dárselo.

—¿Y esto?

—Me operaron de un disco intervertebral —notó un ligero tono de reproche en su voz—, el año pasado... Estuve muy delicada.

No podía seguir pidiendo perdón, pero Dios sabía que era sincero... La siguió hasta la sala.

—Desde que murió tu padre he estado muy sola. Tu hermana se fue a Chile hace dos años y me dejó a su bebé. Es el único que me hace compañía ahora.

—¿El único? ¿Y Roxana?

—Siéntate, hijo. Necesitamos hablar.

Una efusión de adrenalina lo paralizó. Doña Teresa apoyó el bastón en la butaca y se sentó. Él la imitó.

—Roxana —comenzó a decir—, ha cambiado.

—¿Dónde está?

—No debe tardar en llegar.

—¿Cómo? —miró el reloj—, son casi las doce de la noche y ella tiene... ¿trece años? ¿Adónde fue?

—Se comportaba bien hasta que entró a la secundaria. Sus nuevas amigas han sido una mala influencia.

—Pe... —carraspeó—, pero Roxana no pudo hacerse irresponsable de la noche a la mañana. El padre Gonzalo Gamio me mostró una composición literaria muy profunda que ella escribió.

—Esa composición la hicieron entre varias niñas; uno de sus papás les ayudó.

Se quedó callado.

—La niña está pasando por la edad difícil. Hace tiempo todo el día se le iba en llorar y en preguntar por ti. Después se volvió cada vez más grosera.

—¿Dónde se encuentra?

—Xavier, a mí ya no me obedece. Sale con sus amigas una o dos veces por semana. Creo que van a bailar, porque llega siempre tarde. Alrededor de las doce o una. Está obsesionada por los muchachos, los coches deportivos y el dinero. Exige mucho. Me echa en cara que somos muy pobres; eso la avergüenza. A veces tampoco llega a comer, no hace sus tareas, no ordena su habitación. Tengo miedo de que vaya a terminar mal.

Ahora entendía por qué el sacerdote insistió tanto en que volviera con su hija.

—¿Tú hablaste con el Padre Gamio para pedirle ayuda?

—Sí, hace un par de meses. Cuando Roxana llegó a la casa... No te enfades, pero tengo que decírtelo: Cuando llegó ebria por primera vez.

—¿Ebria? —cerró los ojos un instante—. ¿Por primera vez? ¿Quieres decir que se emborracha con frecuencia? ¡Pero es menor de edad!

—Sus amigas consiguen alcohol y fuman.

El asombro le impidió seguir discutiendo; asombro que se tornó en ira, no contra su madre, sino contra él mismo. ¿Por qué supuso que un querubín vestido de blanco iba a estar esperándolo para darle las gracias por haber vuelto el día que le viniera en gana? ¿Por qué creyó que la corrupción y la podredumbre social no alcanzarían jamás a Roxana?

—¿Y se puede saber qué te trae por aquí, hijo?

Permaneció un largo rato con la vista perdida antes de contestar.

—Me han contratado como abogado en una empresa.

—¿Por cuánto tiempo?

—Mamá, me gustaría quedarme, rehacer mi vida, educar a mi hija y... acompañarte a ti. Si aceptas, claro. Al principio será difícil, porque no tengo mucho dinero; pero si logro sacar adelante el proyecto en el que estoy trabajando, creo que me pagarán bien.

—Eso no importa; donde comen dos, comen tres. Sólo te quiero pedir una cosa: No siembres ilusiones falsas. Sobre todo en Roxana. La última vez le dijiste que volverías en una semana y ya ves... han pasado cuatro años; enviabas dinero y regalos de vez en cuando, hablabas por teléfono en Navidad, pero nada más.

—Perdóname, mamá —volvió a decir y sintió que el pesar le quitaba las pocas energías que le quedaban—. Perdóname...

—No es a mí a quien debes... —un ruido la interrumpió. En la calle se escucharon risas, portazos y acelerones de automóviles—. Ya llegó.

Xavier se puso de pie, se volvió a sentar. Se paró de nuevo.

—¿No vas a abrirle?

—Ella trae llave.

A los pocos minutos la oyeron entrar. Sus gritos y carcajadas inundaron el silencio tenso de la sala.

—Roxana, ven aquí.

Del vestíbulo salió una chica ataviada en forma llamativa, con una pequeña blusa elástica de escote amplio y abierta en el ombligo; el corto cabello castaño contrastaba con un mechón pintado de verde, su rostro estaba maquillado en exceso y su nariz perforada con una arracada.

—¿Qué quieres, abuela?

—Saluda a tu padre.

La niña se adelantó dando un paso inestable y se agachó para hacer una ridícula caravana.

—Mucho gusto, señor.

Estaba borracha.

—Hija, soy yo. ¿Me recuerdas?

—¿De dónde saliste? ¿Del inodoro?

Xavier se quedó frío.

—He estado viajando... buscando a tu hermanito.

—¿Y lo encontraste?

—No.

—Claro. ¡Eres un imbécil!

Hija, estás borracha. Mañana hablaremos.

—Yo no soy tu hija —rió—. Nací de la nada.

—No digas eso. Vine para quedarme aquí. Estableceremos nuevas reglas y formaremos una familia otra vez.

Roxana comprendió a la perfección las últimas palabras porque levantó la vista desafiante y espetó:

—¡Estúpido! Podías haberte quedado donde estabas.

—¡Niña —la reprendió su abuela—, no le hables así a tu papá!

La chica soltó una carcajada y se retiró tambaleándose. Doña Tere fue tras ella. Xavier sintió que el estómago se le descomponía. En un momento evaluó la magnitud del error que cometió al irse: No recuperó a su hijo robado, perdió a su esposa, perjudicó a su madre y arruinó a su hija. La sensación de fracaso y soledad lo abrumó.

Subió las escaleras muy despacio. En la recámara de Roxana su madre discutía a grandes voces con la adolescente. Xavier supo que en esas condiciones sería muy difícil hacerla entrar en razón. Escuchó el armonioso sonido metálico de una cajita musical, proveniente de la habitación contigua. Abrió la puerta. Encendió la luz. Un hermoso niño de piel morena y facciones finas dormía, apacible. Sobre la cama un carrusel colgante daba vueltas emitiendo la melodía. El hijo de su hermana. Se acercó y le acarició la frente. Su fingida fortaleza desapareció. Tragó saliva sintiendo cómo sus párpados se llenaban de lágrimas. Él había dedicado todos esos años a tratar de recuperar a un hijo extraviado y su hermana había abandonado al suyo para seguir a un amante celoso. La vida era una horrible paradoja. Mientras muchas mujeres abortan, otras rezan pidiendo a Dios que les regale el privilegio de ser fértiles. Se inclinó para besar a su sobrino y el contacto de su piel cálida lo enterneció. En la otra habitación seguía escuchándose la discusión entre su madre y Roxana. Doña Tere intentaba hacerla recapacitar y la chica contestaba con grandes insultos.

Notó que aún traía el folleto informativo que Pedro le había dado esa mañana. Lo extrajo del bolsillo y lo hojeó. Entonces le sobrevino una idea estremecedora. Tal vez se le había restituido a su niño extraviado con ese sobrino. Quizá la vida le estaba indicando que debía llevarlo a la escuela DMF para darle al niño de su hermana lo que no supo o no pudo darle a los suyos. Leyó una página del librito.

CUANTO ANTES, MEJOR

Durante la Segunda guerra mundial se realizaron experimentos clandestinos con bebés, para determinar la importancia de los estímulos en el desarrollo cerebral. Se les aisló en cuartos oscuros, sin sonidos ni contacto físico. Dependiendo de la duración de este aislamiento, se obtuvieron, desde niños con problemas de aprendizaje, hasta niños· sordos, ciegos y con retraso mental profundo.

Hoy sabemos que, desde el nacimiento, millones de neuronas se enlazan unas con otras y crean vías de información, más profundas y complejas mientras mayor cantidad y calidad de estímulos reciban a menor edad.

En los primeros diez años de vida, quedan determinadas las capacidades elementales del ser humano. Como la inteligencia crece en forma piramidal, el vértice superior de esta pirámide será más alto mientras más amplia sea la base.

Estímulos sensoriales y encrucijadas progresivas propician mejores sinapsis neurológicas. Si proporcionamos a los niños diversos estímulos por medio de masajes, gimnasia, música, contacto de su piel desnuda con diferentes superficies, juegos, cantos, conversaciones y ejercicios acuáticos, tendrán mayor desarrollo cerebral.

Muchas madres sobreprotectoras aíslan a sus bebés de ruidos, luz, frío, agua y otros estímulos. Piensan que de esa forma los salvaguardan de enfermedades. Lo único que logran es hacerlos menos inteligentes.

Tanto la base piramidal de la inteligencia, como los patrones subconscientes que determinan la esencia de la personalidad del ser humano se adquieren en la infancia. Por eso, los programas de liderazgo para adultos son poco efectivos.

Un auténtico dirigente del mundo no surge de las aulas universitarias; se gesta en el jardín de niños, se forja en la primaria, se fortalece en la secundaria y se desarrolla en el bachillerato. Cuando llega a la universidad, ya está hecho. Ahí sólo adquiere conocimientos.

Lo más importante de la educación sobresaliente es iniciarla en forma temprana. En ningún caso puede decirse, con más solidez, que el tiempo es oro. Para formar grandes personalidades, necesitamos volver la cabeza hacia quienes poseen la verdadera semilla de grandeza en su cerebro: Los niños.

Se levantó a las ocho de la mañana. Para su sorpresa Roxana ya se había ido a la escuela.

—Con la borrachera que traía anoche —le dijo a su madre—, creí que no se levantaría.

—También yo me sorprendí.

—Y mi sobrino, ¿aún no va a clases?

—¡Ay, no! ¡Pobrecito! Está muy chico para eso.

—Tal vez no esté tan chico, mamá. ¿Por qué no lo llevamos a un colegio muy especial, que está a punto de abrirse, para que lo evalúen?

Su madre puso varias objeciones, pero al fin accedió.

Llegaron al edificio DMF cerca de las diez de la mañana.

En cuanto entraron, Xavier captó que algo raro estaba pasando: La febril actividad del ejército de construcción se había detenido. No había albañiles allanando, ni pintores colgados de polipastos, ni carpinteros serruchando, ni capataces con casco de metal dirigiendo. En cambio, un numeroso grupo de hombres estaba reunido al fondo del edificio, como suelen aglomerarse los manifestantes inconformes antes de iniciar un mitin.

En el patio varias personas encabezadas por Marlene Cervantes discutían con un hombrecillo.

Xavier se acercó.

—Sigan trabajando, ingeniero. Por favor. Arreglaremos el problema.

—Pero me llamaron de la Compañía para que detuviera la obra.

—No haga caso, todos deben volver a sus puestos.

—Me dieron la orden de parar. Hablen con mis superiores.

—Lo haremos. Por lo pronto continúen.

—Imposible. He recibido instrucciones precisas. La obra civil se ha cancelado.

El hombre dio la vuelta y se retiró.

Todos se quedaron callados. La sensación de amargura e impotencia invadió al grupo. Xavier identificó a Ángel y a María Luisa Castillo, la pareja que cuatro años atrás vio en la comisaría escribiendo su declaración acerca de cómo fueron engañados por el psiquiatra del campamento. María Luisa era rubia y de impresionantes ojos verdes; Ángel era alto, de mirada recia, pero tenía un derrame en el ojo izquierdo, producto de la paliza recibida por los asaltantes en la víspera. Kelda Kempis, la bella mujer blanca de cabello negro y lacio, también mostraba una herida en la frente. Fabiola Badillo se apretaba los dedos con nerviosismo. Un hombre vestido con ropa deportiva, parado junto a Marlene tenía toda la apariencia de ser su esposo, Eduardo.

—¿Qué pasó? —preguntó.

—Parece que las amenazas del embargo económico van en serio —contestó Marlene—. Los bancos acaban de suspender el financiamiento y la compañía constructora anunció que cancelará el contrato.

—¡Qué rapidez de estos tipos para proceder!

La directora se dirigió a sus compañeros:

—Xavier es nuestro nuevo abogado. Trabaja aquí desde ayer. Su primer día en la empresa fue muy aleccionador.

Algunos rieron.

Doña Teresa presenciaba la improvisada junta.

—Mi madre —la presentó Xavier—. Vino conmigo para ver si podían hacerle una evaluación a su nieto, Hugo.

La directora sonrió con tristeza. Xavier se dio cuenta que estaba siendo inoportuno. No era sensato dar ese tipo de molestias habiendo cosas mucho más urgentes que atender.

Marlene acarició la cabeza del pequeño y preguntó a Fabiola:

—¿Puedes llevarlo con Paula para que le aplique el examen psicométrico?

—Claro.

Entonces ocurrió la escena más impresionante de alaridos y pataletas que Xavier jamás hubiera visto.

—¡No! —aulló el chiquillo—, ¿a dónde me llevan? ¡Noooooooooo!

Fueron inútiles todos los intentos para calmarlo. Huguito se negó a separarse de su abuela. La abrazó del vestido con tal fuerza que estuvo a punto de arrancárselo. Chilló, bramó, se convulsionó, pidió a gritos que lo cargaran. Doña Tere lo tomó en brazos.

—No tengas miedo, vas a jugar un rato con una maestra muy buena.

Trataron de convencerlo, pero el muchachito intensificó la pataleta, como si se hubiese vuelto loco.

—¿Qué le pasa, mamá?

—Te dije que estaba muy chiquito para venir a la escuela.

Los fundadores del colegio observaban el cuadro. Xavier quiso que se lo tragara la tierra. Marlene, con gran profesionalismo, caminó por delante pidiendo a doña Teresa que la siguiera. Llegaron a un elegante cubículo en el que se hallaba una pedagoga de mirada dulce.

—Paula, tenemos una solicitud de admisión. ¿Puedes atenderla?

El niño seguía gritando.

—Claro —dijo la pedagoga poniéndose de pie—. Yo me haré cargo.

Huguito y su abuela se quedaron en el privado.

Xavier, lleno de vergüenza caminó detrás de los fundadores hacia la oficina de la directora.

7

ESCENAS DE CONFRONTACIÓN

En la dirección, Ángel Castillo tomó la iniciativa.

—Bienvenido a nuestro equipo —le dijo a Xavier—. Somos un grupo muy unido. Todos nos tuteamos; hazlo también, por favor. Quiero confesarte que estamos muy asustados por lo que sucede. Ya te habrás dado cuenta. Es una situación de verdadera emergencia.

—Cierto.

—Mira esto —deslizó unos legajos sobre la mesa.

Se trataba de una denuncia formulada por el capitalista principal, exigiendo "por causas imputables a la falta de ética y seriedad de los directores del proyecto, la inmediata devolución del dinero prestado o, en su defecto, la entrega de muebles e inmueble objeto de la financiación".

—Los Camacho promovieron un embargo económico por la vía legal —explicó Eduardo, el deportista—. Tenemos poco tiempo para preparar nuestra defensa o nos quitarán todo.

Xavier sintió sobre sí, la misma responsabilidad que debe experimentar un médico ante un moribundo.

—No quiero parecer pesimista —comentó—, pero el panorama es poco agradable. Ayer analicé los documentos financieros y encontré que están redactados a favor de Flor y Erasmo Camacho. Ellos aparecen como dueños de todos los activos. No entiendo cómo ustedes pudieron llegar a un acuerdo tan desventajoso.

—Fuimos demasiado confiados —dijo Marlene.

—Y ahora están entre la espada y la pared. Incluso hay otro asunto que me preocupa aún más: ¿Han tramitado la patente de su método?

—No. ¿Por qué?

—Si llegan a perder el edificio, deben conservar, por lo menos, el sistema educativo.

Kelda Kempis inhaló y exhaló con evidente preocupación.

—Estábamos a punto de terminar el libro DMF —dijo—, pero los rateros se llevaron las computadoras y cintas que lo contenían, incluso la caja de respaldos.

—¿Y los manuales que guardan bajo llave en esta oficina?

—Son nuestras investigaciones iniciales. En ellas está implícito el libro, pero habría que desglosarlas y ordenarlas nuevamente. Nos llevaría meses de trabajo.

Xavier mostró las manos indicando que no quedaba otro remedio.

—Pues debemos acelerar la tarea. Yo me dedicaré a estructurar la defensa contra este embargo económico y ustedes reorganizarán sus investigaciones para registrarlas de inmediato. No podemos descartar la sospecha de que esos sujetos con ansia de poder hayan sido los autores intelectuales del robo. ¡Sería terrible que lograran, antes que nosotros, una patente de exclusividad del sistema educativo que ustedes crearon!

Todos estuvieron de acuerdo. Sin hablar más sacaron los papeles de la caja fuerte para acomodarlos, repartirse temas y comenzar a trabajar.

Después de un rato, Xavier salió para ver cómo iba la evaluación psicométrica de su sobrino.

Encontró al niño y a la abuela sentados en una banca del patio.

—¿Qué pasó? —preguntó—. ¿Ya terminó el examen?

—No, hijo. Huguito se puso muy nervioso. Es casi un recién nacido. No está acostumbrado a tratar con extraños. Meterlo a la escuela a esta edad es una infamia.

El "recién nacido" de tres años de edad se chupaba un dedo con la mano izquierda y agarraba el vestido de su protectora con la derecha.

Xavier se alejó disgustado. Fue a la oficina de la pedagoga para disculparse.

Paula lo vio llegar y le sonrió.

—Licenciada, parece que mi sobrino no quiso cooperar con ustedes. Estoy avergonzado.

—No se preocupe. Esta conducta es más común de lo que se imagina.

—¿Qué me recomienda hacer para ayudar a Hugo?

—Trabajar mucho con él, hasta que logre eliminar lo que nosotros llamamos "escenas de confrontación". Un niño consentido no puede recibir enseñanza sobresaliente.

Xavier avanzó hacia el interior del despacho.

—Por primera vez entiendo la importancia que tiene educar bien a los niños desde pequeños. Cometí muchos errores con mis hijos, pero aún me queda un sobrino.

—Tome asiento, por favor.

—Gracias. ¿Qué significan esas escenas de...?

—Confrontación. Lo que usted vio: guerra de poderes. En lenguaje coloquial les decimos rabietas o berrinches. Para educar en el límite superior, se requiere de toda la cooperación del pequeño. La obstinación agresiva y las pataletas, bloquean sus posibilidades de aprendizaje.

—Pero el llanto es un recurso innato, ¿o no?

—Claro. Cuando un bebé necesita algo, llora y los adultos debemos satisfacer sus demandas con rapidez; pero sólo mientras no sabe comunicarse de otra forma. En cuanto aprende a hablar, debemos dejar de condescender ante las pataletas y enseñarlo a negociar con palabras. He visto a mamás balbuceando frases melindrosas e ininteligibles para darle de comer en la boca a un niño de cuatro años que todavía usa pañal. También he observado a niños sanos, de tres años, comportándose como verdaderos inválidos, llorando por incomodidades leves, dando alaridos de dolor por simples raspones, pidiendo auxilio por tonterías y refugiándose con verdadero pavor teatral detrás de las faldas de su madre.

—Entonces, mi sobrino no es el único que lo hace.

—No pero esas actitudes resultan nefastas para la buena educación; incluso supe de un niño mimado, que en medio de un día de campo se enfadó, hizo una de sus acostumbradas melodramas, salió corriendo sin oír razones y fue atropellado por un camión. ¡Gran parte de la mediocridad surge por la falta de control! Los berrinches son innatos; el autodominio se aprende. Lo enseñan los padres y se queda para toda la vida. Hay adultos que crecieron sin esa instrucción y, al igual que niños malcriados, hacen rabietas, protagonizan absurdas escenas explosivas y terminan lloriqueando como víctimas humilladas.

Muchos recuerdos se agolpaban en la mente de Xavier. Cuatro años atrás, cuando tenía una familia normal, su esposa y él se preocupaban por los berrinches de sus hijos y discutían sobre cómo educarlos. Ahora las cosas habían cambiado, pero los berrinches seguían ahí, formando parte del proceder de su sobrino y quizá también del de su hija.

—¿Cómo se acaba con las escenas de confrontación?

—Son parte de un círculo vicioso. Simplemente hay que romperlo —tomó un papel y trazó un diagrama—. El círculo se forma así: Primero, el pequeño siente que no se le escucha. Segundo, hace una rabieta. Tercero, el padre asume cualquiera de estas dos actitudes nocivas: Se doblega, cediendo a las exigencias del niño, o lo maltrata. Cuarto, la autoestima del chico se daña; si se salió con la suya se infla de soberbia y, si fue maltratado, disminuye por su inseguridad. Vuelta al origen; el pequeño piensa que no lo toman en cuenta y comienza otra escena.

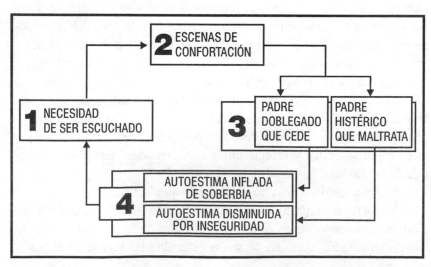

—Entiendo. El círculo debe romperse desde el inicio.

—Exacto. Lo lograremos escuchando al niño, respetando sus opiniones, interactuando con él, contestando sus preguntas en todo momento. Pero, si aún así se obstina y pierde el control, lo veremos a la cara, le preguntaremos el motivo de su llanto y le diremos que deje de llorar y hable con claridad; por ningún motivo cederemos a sus alaridos. Simularemos que no entendemos, ofreciéndole sólo una solución: "contrólate y conversaremos con calma". Si la escena continúa, actuaremos con dignidad, mostrándonos ofendidos por esa actitud grosera. Le diremos: "lo siento, pequeño, a mí no me vas a tratar así, sólo podemos negociar si me hablas con respeto; ¿no quieres conversar como una persona civilizada?, entonces yo tampoco tengo por qué escucharte". Si el niño porfía en su berrinche, lo rechazaremos abiertamente, sacándolo de la habitación y mostrándonos indiferentes. Lo ignoraremos por completo, dándole su tiempo y su espacio para que trate de moderarse; pero en cuanto intente entablar comunicación, interrumpiremos nuestras actividades, nos pondremos en cuclillas y lo escucharemos con amor. Lo abrazaremos, lo motivaremos a seguir hablando y lo premiaremos por haberse controlado.

—¿Y si el berrinche ocurre en un lugar público?

—Nuestra conducta será exactamente la misma, haya o no testigos presenciales. Si hace una escenita, le ofreceremos dos opciones: Primera, seguir con el berrinche ante nuestro rechazo total; segunda, controlarse para lograr negociaciones justas.

Afuera se oyó de nuevo el llanto de Hugo. Parecía estar protagonizando otra de sus pataletas. Xavier se puso de pie y le tendió la mano a Paula.

—Muchas gracias. Soy un nuevo compañero de trabajo. Nos estaremos viendo por aquí.

—¿De veras? ¡Qué sorpresa! Bienvenido.

Xavier salió al patio. Su sobrino había echado a correr y su madre lo seguía al fondo del patio.

Pasó caminando frente a él la mismísima Kelda Kempis. La siguió con timidez impropia de un viudo que ha rebasado la cuarentena.

—¿A dónde vas? —le preguntó.

—A mi oficina. Estamos trabajando en la sala de juntas, pero quiero revisar mis cajones para ver si encuentro algún respaldo del libro que se robaron. ¡Tiene que haber al menos uno!

Llegaron a un privado con muebles negros pulidos en poliester.

Ella comenzó a remover sus pertenencias con la desesperación de alguien que busca un antídoto para neutralizar el veneno que ha ingerido. Después de un rato se detuvo. Parecía abatida.

—Es inútil. Todo estaba en la caja de discos compactos.

Xavier la contempló unos segundos.

—¿Puedo preguntarte algo?

—Sí.

—¿Por qué te enfadaste conmigo ayer en el banco?

—Aún estoy enfadada.

—¿Y eso?

—Dijiste que trabajabas en este proyecto, pero te mostraste despectivo al referirte a él. Te encogiste de hombros y comentaste que tenías que ganarte la vida. Eso me molestó. Quienes participamos en esta empresa estamos muy orgullosos; algunos hemos esperado toda la vida para formar parte de algo así. Tu respuesta me hizo pensar en dos posibilidades: O eras un mentiroso o un mercenario desleal. La primera la he descartado, puesto que sí trabajas aquí, la segunda, no...

Xavier bajó la mirada.

—No lo tomes como excusa; es la verdad: Ayer yo ignoraba en qué consistía este proyecto. Tenía serias dudas. Al referirme a él no fui despectivo sino cauteloso. Por otro lado, te confundí con una conocida.

Kelda lo analizó con su mirada de psicóloga, como tratando de leer entre líneas la veracidad de sus palabras.

—Créeme. Por favor.

Ella asintió.

—Todos los que trabajamos aquí debemos ser suspicaces, sobre todo ahora. Hay muchos enemigos que quieren destruirnos.

74

—¿Y tu esposo también participa en el proyecto?

—No soy casada, pero tengo un hijo.

El impertinente aceleramiento de su ritmo cardiaco le indicó a Xavier que cada célula de su cuerpo brincaba de júbilo. Sus ojos se posaron en la faz de la mujer con descarada insistencia.

—¿Por qué me miras así?

Si le contestaba tendría que explicarle la forma en que su aspecto físico había despertado en él evocaciones nostálgicas, anhelos de ternura y hasta deseos eróticos largamente adormecidos.

—Eres muy bella.

Kelda se asombró un poco. La naturaleza es caprichosa cuando lanza anzuelos al corazón. ¿En dónde radica el secreto del magnetismo sensual? Podemos convivir durante meses con diferentes personas del sexo opuesto sin sentir la más mínima reacción y, de repente, hallarnos frente a alguien, exentos de intenciones amatorias, y empezar a hervir por dentro ante su simple contemplación.

—Me dijeron que también eres el cerebro del método, escritora de sumarios y capacitadora de maestros. ¿Es cierto?

—Somos un equipo.

—Pero tú lo diriges.

—¿Qué quieres de mí?

—Conocerte mejor. Soy el nuevo abogado. Necesito empaparme de la filosofía que voy a defender. He aprendido algunos tópicos. ¿Te impresiono? —levantó las manos y recitó—: Para educar en forma sobresaliente, los padres deben trabajar con sus hijos para brindarles "multidisciplinas", establecer con ellos "ritos constructivos", "optimizar horarios" ayudarlos racionalmente a "aceptar el dolor del esfuerzo" y acabar con las "escenas de confrontación".

—Me estás quitando el tiempo.

—Quiero aprender. Soy padre —dudó un par de segundos—. Hace varios años que no veía a mi hija y... ayer me encontré con ella... Sufrí una grave decepción. Se volvió grosera, rebelde... También tengo un sobrino más caprichoso que veinte mulas.

Kelda sonrió. Buscó entre los papeles de su escritorio, tomó una hoja, encendió la fotocopiadora portátil que estaba detrás de ella y sacó un duplicado al escrito. Xavier la observó. No recordaba, salvo en sus lejanos años mozos, haberse atrevido a espiar el cuerpo de una mujer mientras ella tenía los ojos puestos en otro lado y disimular, cambiando la mirada de dirección, cuando se volvía hacia él.

Kelda le extendió la fotocopia asegurándole que le resolvería algunas dudas.

—¿"El reto de la atención"?

—Es un tema que debe analizarse con cuidado cuando hay problemas de conducta.

—¿Sabes? Vine a México para visitar esta escuela, pero también para reunirme con mi hija. Nunca me imaginé que el reencuentro fuera tan desastroso.

—¿Desde cuándo no la veías?

—Desde hace cuatro años.

—¿Cuatro? ¡Me parece increíble!

Xavier habló sin aclarar ciertos extremos:

—Con el patrocinio de gente rica que ha extraviado a sus hijos, he viajado por Sudamérica, Asia y Estados Unidos, investigando los mecanismos del tráfico y la extorsión de menores. También he visitado la mayoría de los estados de nuestro país luchando contra la delincuencia organizada.

—¿Y por esa razón te separaste de tu hija?

—Sí.

—Explícame otra vez. No entiendo tus extravagancias. ¿Quién eres? ¿Por qué has viajado tanto? ¿Cómo apareciste de pronto, haciendo el papel de mosquetero? ¿Por qué me miras con tanta fijeza? ¡Si deseas que te tenga confianza, deja de hacerte el misterioso!

El gesto inquisidor de la mujer lo fulminó. No le quedó más remedio. Contestó cada una de sus preguntas:

—Fui un buen abogado hasta que alguien robó a mi hijo de cuatro años en un supermercado. Mi esposa y yo enloquecimos. Buscamos al niño por cielo, mar y tierra. No tuvimos éxito. A mí me afectó sobremanera. Soy un muerto viviente, un espectro moralmente acabado. Marlene supo que me dedicaba a ayudar legalmente a niños desamparados, y me mandó llamar por medio de un amigo común... Dis-

76

cúlpame si te incomodo con la mirada pero... —vaciló—. No es por mala intención. Me agradas mucho.

Kelda tenía la boca abierta. Tragó saliva antes de preguntar.

—¿Dónde está tu esposa?

No quiso responder. Temió asustarla. Era psicóloga. Si sabía la verdad, seguramente le colgaría algún diagnóstico enfermizo de proyección mental y trataría de huir del demente que veía en ella a un cadáver reanimado.

—Ya no vivimos juntos.

—¿Se separaron?

—Sí... Se puede decir que sí.

La tensión disminuyó. Por un largo rato ninguno habló.

—Yo estoy separada también —dijo en voz baja correspondiendo a las confidencias—. Mi matrimonio sólo duró tres meses. Sorprendí a mi marido siéndome infiel. Yo me acababa de enterar de mi embarazo y no quería divorciarme; pero, tú entiendes, hay barreras imposibles de franquear. A veces pienso que en circunstancias distintas yo hubiera luchado más...

—Claro, ¡el tipo te fue infiel a los tres meses!

—No me refiero a eso. Mi esposo era distinto. Nunca lo supe. Se casó para disimular ante la sociedad. Lo hallé en la cama con otro hombre.

Ahora era Xavier quien tenía la boca abierta. Echó un vistazo alrededor.

—Es bueno que estemos solos. Con esas confesiones alguien podría sugerir que nos internaran en un hospital psiquiátrico.

Kelda negó con la cabeza.

—Yo ya lo superé. Estoy aquí porque pienso que debo darle a mi hijo la mejor educación; sobre todo, por su desventaja de no tener padre.

La sensación de "socios en la tragedia" se esfumó de inmediato. Xavier seguía en desgracia. Ella luchaba por un ideal.

Se aclaró la garganta.

—Entonces sólo queda un candidato para el manicomio.

—No digas eso...

Se vieron a los ojos.

—Permíteme invitarte a cenar —pidió Xavier.

—¿No crees que vas demasiado rápido?

—Sí. Pero estoy aprendiendo a "optimizar el tiempo en el límite superior". No me lo puedes reprochar. Tú inventaste esa teoría.

Kelda sonrió. Xavier sabía que se resistiría, pero que accedería al final. Lo presentía. No se necesitaba ser psicólogo para detectar la chispa de curiosidad en la mirada de una mujer.

—Tenme confianza. Por favor. ¿Me das tu dirección? Paso por ti en la noche.

Ella lo observó entre sensual y retadora. Tomó pluma, papel y escribió rápidamente los datos de su domicilio.

—Te espero a las ocho.

8

LOS PROBLEMAS DE ATENCIÓN

Xavier tomó los documentos necesarios para trabajar durante la tarde en casa de su madre. Deseaba convivir con Hugo y Roxana.

—El niño tiene hambre —le dijo doña Tere—. Van a dar las tres. ¿Podemos ir a un restaurante de hamburguesas?

—Yo pensé que comeríamos con Roxana.

—No, hijo. Cuando se fue me dijo que iría a la casa de una amiga. Les pidieron un trabajo de investigación y se reunirá con sus compañeras por la tarde.

—¿Te pidió permiso?

—Ella no acostumbra pedir permiso. A veces ni siquiera me avisa. Hoy tuve suerte.

Xavier suspiró con profunda pena.

—¿A dónde vamos?

—Yo te digo. A Huguito le gustan los restaurantes que tienen juegos infantiles.

Salieron al periférico. Los autos avanzaban a vuelta de rueda. Había olvidado los problemas viales de la gran ciudad.

Después de largo rato, llegaron a un sitio de comida rápida. Bajaron del auto y el niño echó a correr hacia los columpios. La abuela fue detrás. Cargaba una bolsa con ropa de repuesto por si el chico se ensuciaba.

Xavier los siguió. No tenía hambre. Se sentó en una silla próxima a los juegos y observó la escena. Su sobrino se acercó a una maceta y tomó un puñado de tierra para examinarlo. La abuela lo alcanzó y, a grandes voces, como si se estuviese incendiando el lugar, le sacudió las manos, el pantalón, el cabello... y le aclaró que la tierra era algo "sucio". Entonces Hugo se dio la vuelta para acariciar un perro pequinés que estaba del otro lado de la reja. Doña Tere lo levantó en vilo gritando:

—¡Fúchila! Los perros de la calle no se tocan porque tienen microbios: ahora vamos a tener que lavarte esas manos.

Se dirigieron al baño. Después de un rato regresaron. El chico lucía un pantalón limpio, el cabello mojado, bien peinado, la cara recién lavada y encremada y un grueso suéter que la abuela consideró pertinente enfundarle porque comenzaba a atardecer. También habían comprado un paquete de comida infantil. El niño corrió hacia una resbaladilla. Ella lo siguió suplicante con un muslo de pollo en la mano.

—Primero come. Pruébalo. Aunque sea un bocado. Tiene *catsup*. ¡Mira, *catsup*!

Hugo la ignoró.

—¡Cuando hable tu madre le voy a decir que no has querido comer ni obedecerme!

Al ver que el niño subía al juego, como si estuviese sordo, guardó el pollo y anunció, furiosa, su peor castigo:

—Está bien, pero te prometo que esta tarde no voy a darte ni un sólo dulce.

Como el chico iba ya a la mitad de la escalerilla, la abuela asumió de inmediato el papel de controladora de vuelo:

—Pisa bien... Ten cuidado... Fíjate lo que haces... No te vayas a caer... ¡Ay! ¡Te digo que tengas cuidado! Mejor vamos a otro juego, éste es muy peligroso... Te vas a caer... Por favor, hijito, ¡obedéceme...!

El niño se resbaló golpeándose levemente.

—¡Te lo dije! —profirió, en tanto la criatura soltaba el llanto—. ¡Pero nunca me haces caso, por eso te pasan tantas cosas malas!

Lo cargó, lo abrazó, revisó cuidadosamente el golpecito, como si tratara de descubrir una fractura múltiple o un derrame cerebral. Lo sobó y se lamentó de no haber traído consigo los analgésicos.

—Mejor vamos a sentarnos a comer.

El niño, al oír la palabra terrible, dio un salto y se dirigió a los columpios otra vez. La abuela lo jaló del brazo.

—No te acerques ahí. ¿No ves que aquel niño tiene marcas en la piel? Debe ser varicela; además está sucio. ¡Hasta puede tener piojos!

Llevó al chiquillo a la resbaladilla más pequeña. Pronto llegaron otros niños y para doña Tere recomenzó su sufrimiento.

—¡Niño, quítate, deja pasar al mío! ¡No lo vayas a tirar! ¡Ten cuidado! ¡Caramba! ¿No te das cuenta de que mi nieto está más chiquito?

Lo tomó en brazos, como salvándole la vida, sacó un biberón y trató de dárselo a la fuerza mientras se acercaban a Xavier.

—Vámonos, hijo. Huguito se está portando muy mal. Llegando a casa, tendré que bañarlo y darle dos aspirinas.

Se puso de pie sin decir nada y siguió a su madre hasta el coche.

Ya en casa trabajó y jugó un rato con su sobrino. En lo primero hizo importantes avances; en lo segundo, no. Hugo parecía tener poco interés en interactuar con él. Tomaba un muñeco, lo aventaba, tomaba otro, lo manipulaba por dos minutos y volvía a cambiar de juguete. Corría de un lado a otro balbuceando palabras que sólo su abuela comprendía.

—¿Qué le pasa a Huguito?

—Nada. Es travieso. Todos los niños lo son.

A las siete de la noche Xavier se desesperó.

—Roxana no ha llegado. ¿Tendrá planeado volver a irse de parranda esta noche?

—Espero que no.

—¿Te dijo dónde iba reunirse con sus compañeras?

—Tengo el número de una de ellas. Seguramente están juntas. ¿Quieres que la llame?

—Por favor.

Xavier se apretó los dedos entre aprensivo y enfadado mientras doña Tere hablaba por teléfono. Pudo adivinar cómo alguien le informaba que Roxana había salido de viaje con varias amigas.

Cuando colgó, él estaba furioso.

—¿A dónde se fue mi hija?

—A las ruinas arqueológicas. Te dije que le habían dejado una tarea de investigación.

—¿La escuela organizó el paseo?

—No. Parece que ellas decidieron viajar por cuenta propia.

—¿Roxana tenía dinero y ropa para hacer una excursión?

—Supongo que le habrán prestado.

—¿Cuánto tiempo tardará en regresar?

—Posiblemente una semana.

—¡Es increíble! ¡Absurdo! Pueden pasarle muchas cosas...

—Hijo, sabes lo que significa "llamarada de petate"?

—Sí. Algo que arde mucho pero se apaga pronto.

—Eso pareces. ¿A qué se debe tu preocupación repentina por Roxana? ¿Qué puede pasarle en una semana? Durante cuatro años no te importó dónde anduviera.

Tragó saliva. Era verdad. Vio a su sobrino jugando con un cochecito. Lo llamó para evadirse de esa desagradable conversación. El niño le mostró su juguete y echó a correr para distraerse con otra cosa. Xavier volvió a llamarlo, pero Hugo no regresó.

—Esto es inútil —dijo—, soy un fracaso para educar niños. Mamá, tengo una cita. Voy a salir. Regreso temprano.

A las siete cuarenta subió al auto. Comenzaba a llover. Impresionantes relámpagos se dibujaban en el cielo que había oscurecido casi por completo. Por un lado estaba muy entusiasmado con su cita y por otro terriblemente deprimido. Vio sobre el tablero del auto la fotocopia que Kelda le había dado en su oficina. Encendió la luz interior y la leyó con rapidez. Se titulaba "El reto de la atención".

Un niño con alta capacidad para concentrarse puede llegar a ser genial, un niño distraído apenas alcanzará logros medianos. La falta de atención es un gran obstáculo para la educación sobresaliente. Se manifiesta cuando el pequeño:

- Cambia constantemente de juegos sin terminar ninguno.
- Se le dificulta seguir instrucciones.
- Atiende a estímulos irrelevantes (pasa una mosca y se distrae).
- Está siempre inquieto (grita, corre, tira, destroza).
- Es impulsivo, irrumpe en los recintos, no puede aplazar preguntas ni esperar su turno en juegos de mesa.

Los síntomas anteriores son normales a los tres años de edad, pero no a los cinco ni a los siete. Un bebé de doce meses puede poner atención a enseñanzas específicas hasta de dos minutos; posteriormente sus ciclos aumentan, en promedio, cinco minutos cada año, hasta que, antes de la adolescencia, logra concentrarse por periodos de setenta minutos.

A mayor capacidad de atención, más desarrollo intelectual. Hay una alta correlación de farmacodependencia juvenil con problemas de atención dispersa. Estos problemas pueden deberse a un ligero daño neurológico; pero también, en muchas ocasiones, a una escasa dosis de estímulos.

Todos los niños nacen con poca capacidad de atención. Imaginemos que el cerebro humano nace con una deficiencia vitamínica. Es una metáfora. Sin las vitaminas faltantes no podría desarrollarse bien ni cumplir sus funciones. A veces los padres las proporcionan en cantidad insuficiente y otras veces, el cerebro no las asimila de forma correcta. La prescripción siempre será, con énfasis diferente para cada caso, aumentar la dosis vitamínica. Algunas de las grageas más comunes y necesarias que usted puede dar son:

1. Desde la llegada del hospital platique con su bebé, cual si comprendiera cada palabra, enséñele la casa donde va a vivir, preséntele a sus familiares y mascotas. Haga que toque todo con la mano.

2. En los trayectos en automóvil, apague la radio, charle con el niño, articulando bien y hablando fuerte[1]. Si su hijo hace el intento de participar, ayúdelo con entusiasmo a expresarse.

3. Háblele viéndolo a los ojos; oblíguelo a hacer lo mismo. Si elude la mirada, tómelo por las mejillas para hacer contacto visual al comunicarse.

4. Cuéntele cuentos, chistes y anécdotas. Motívelo a repetirlas. Induzca a los demás a que guarden silencio para escucharlo.

5. Armen rompecabezas juntos, jueguen dominó, ajedrez, dados, baraja, laberintos, damas, ensamblen figuras. Enséñele con paciencia sin exasperarse por sus imperfecciones.

6. Promueva el orden. Muéstrele dónde colocar cada cosa y prémielo si pone cada cosa en su lugar.

7. Permítale ver, cuantas veces quiera, la misma película, escuchar el mismo disco o manejar el mismo videojuego.

8. Si se cae o lastima, dele poca importancia al suceso y explíquele lo que pasó. Llévelo a tocar las superficies con las que se hirió. Hágalo repetir la escena analizando cómo hubiera evitado el accidente.

9. Examinen juntos los mecanismos y hágalo manejar aparatos electrónicos, hasta que domine cualquier artefacto.

10. Enséñelo, poco a poco, a aplazar sus intervenciones y a esperar su turno en pláticas y juegos.

Las escenas de confrontación y la falta de atención son graves obstáculos que impiden la enseñanza en el límite superior. Los padres tienen la responsabilidad directa de ayudar a sus hijos a superarlos.

Dejó a un lado la hoja y puso la palanca del auto rentado en la posición de avance. Tuvo el presentimiento de que algo malo estaba a punto de pasar. Sacudió la cabeza para alejar esa idea. La lluvia se había convertido en tormenta. El pavimento no se distinguía.

La casa de su madre estaba ubicada en una calle cerrada que desembocaba a la vía rápida de un sólo sentido, de modo que la única forma de salir era tomando esa autopista.

Con el aguacero iba a resultar difícil la maniobra.

Avanzó con cuidado. En el puesto de tacos de la esquina, cubierto por una precaria lona azul y alumbrado por un foco incandescente, la lluvia había ahuyentado a todos los comensales. Un gran relámpago iluminó el cielo por dos segundos. Xavier llegó a la bocacalle. Atisbó a la derecha a dos personas inmóviles en la acera, sin hacer el menor intento por refugiarse de la lluvia. Le pareció raro.

Se volvió hacia la izquierda calculando el momento en que podría salir a la vía rápida. A pesar de la tormenta, los autos avanzaban uno tras otro a buena velocidad. Vio un espacio, giró el volante y aceleró a fondo.

En ese momento una de las personas de la banqueta saltó hacia la autopista y se bamboleó como dudando entre echar a correr o regresar. Xavier pisó el freno. Todo sucedió muy rápido. El automóvil patinó. Giró el volante para esquivar al individuo, pero éste dio un paso precisamente hacia el mismo lado. Empujó el pedal del freno con más fuerza. Fue inútil. La inercia del vehículo era demasiado grande. El bulto humano se impactó contra el automóvil y cayó unos metros adelante.

—¡Dios mío —dijo—, ese tipo se arrojó a la carretera!

Varios coches se detuvieron. Los automovilistas contemplaron la macabra escena.

—¡No puede ser!

Abrió su portezuela y observó el cuerpo inerte. Sintió que las piernas le flaqueaban. La lluvia implacable caía sobre él. Las luces de los carros le daban vueltas. Algunos conductores se bajaron de sus autos. Se escucharon gritos.

—¡Es un niño!

—¿Está vivo?

Avanzó hacia el chico tirado frente al coche y se agachó. En efecto, se trataba de un muchachito escuálido de escasos nueve o diez años. Estaba inconsciente. Lo levantó un poco. Sus manos le temblaron al contemplarlo. El niño tenía los labios acartonados y los ojos entreabiertos mostrando un segmento de la blanca córnea.

—¡No lo toque! —le gritaron—. Puede lastimarlo más.

Una ola de pánico se apoderó de él.

—¡Cristo! ¡Esto no puede estar pasando!

—¿Alguien trae un celular? ¡Llamen a la ambulancia!

Detrás se escuchó la voz de una mujer.

—¡Yo lo vi todo! Eran dos personas. Estaban en la banqueta desde hacía más de una hora. La otra huyó.

—¿Cómo que huyó? —preguntó uno de los mirones—. ¡Eso no es lógico!

—Yo misma lo vi. Se lo aseguro. Tengo un puesto en la esquina. Este chico estaba parado desde hace rato con un señor —repitió—. Yo los vi. Me llamó la atención porque no se movieron de ahí ni cuando comenzó a llover.

—Dígaselo a los policías. Es la única testigo.

—¡Dios santo! —susurró Xavier—. ¡Ayúdame, ayuda al niño...!

A los pocos minutos estaban rodeados de ambulancias y patrullas. Los paramédicos se abstuvieron de dar algún diagnóstico. Subieron al herido a la camioneta y se dirigieron al hospital de traumatología.

—¿Quién venía manejando? —preguntó el agente policiaco.

—Yo.

—Sus documentos, por favor. Va a tener que acompañarnos.

No quiso avisar a su madre; prefirió llamar a la escuela. Ángel Castillo le dijo que iría a ayudarlo. Lejos de animarse, se sintió más decaído. Odiaba causar problemas cuando lo habían contratado para resolverlos. Sentado en una silla del Ministerio Público agachó la cabeza mirando hacia el piso. Su condición emocional, desde hacía cuatro años, era como un puente de madera quebradizo: con toda facilidad se desplomaba. Por otro lado, se estaba acostumbrado a ello; caía una y otra vez, se hundía en el fango y, cuando estaba a punto de ahogarse, pataleaba, luchaba por sobrevivir. A los pocos días estaba gateando otra vez sobre las tablas podridas.

—¿Cómo se encuentra el niño?

El funcionario público le alargó un expediente sin contestar.

—Firme, por favor.

Xavier se quedó quieto. Conocía a esa gente. Veían a diario tantos casos similares que se volvían insensibles. Miró el reloj. Las once de la noche.

—¡Ponga su firma!

—Deben esperar noticias de la clínica para determinar el grado de mi delito.

—Es la reseña previa.

Conocía los procedimientos penales. No tenía caso resistirse. Además, estaba en el momento justo en el que el lodo comenzaba a meterse por sus fosas nasales sin que él reaccionara. Tomó la pluma y firmó.

—Estás en un grave problema —opinó el hombre con sarcasmo.

—Púdrete.

—Repite lo que acabas de decir.

—Déjame en paz.

Pensó que el agente lo golpearía. Se equivocó. Sólo rió y se fue. A la una de la mañana volvió a entrar.

—Te llaman afuera —lo empujó.

Salió arrastrando los pies.

Kelda se encontraba ahí, mirándolo con un aire de tristeza. La acompañaban Ángel y María Luisa Castillo.

—¿Estás bien?

Asintió. Un fugaz pensamiento atravesó su mente. La víspera llegó a presentir tanto que iba a ocurrir algo malo, como que pronto pasaría una noche cerca de esa mujer. Ambas corazonadas se convirtieron en realidad. Sonrió un poco, como si el instinto de supervivencia le hubiera hecho escupir parte del lodo que había tragado.

—¿Y el chico? —preguntó.

—Ya lo fuimos a ver —dijo Kelda—. No traía ninguna identificación. Suponemos que estudia en una primaria vespertina.

—¿Cómo está?

—Mal, pero no por tu culpa.

—¿Qué?

—El golpe del carro le fracturó una costilla —habló rápido, adelantándose a los demás en dar la noticia—. Sin embargo, su vida peligra por otras razones...

—¿Cuáles?

El rostro de Ángel Castillo expresó una enorme consternación.

—Está intoxicado —dijo María Luisa—; le inyectaron una fuerte cantidad de droga. La sobredosis lo está matando —hizo una mueca de pena y quiso evadir el atroz pensamiento—. Cómo verás, tú no eres responsable de la situación crítica del muchacho. Pronto saldrás libre.

—¡Eso es lo de menos! Quiero saber qué pasa.

Hubo un momento de silencio. Ángel lo observó fijamente. Kelda inclinó la cara. Entonces comprendió por qué ella había desconfiado cuando él se le acercó de improviso.

Todos los que trabajamos aquí debemos ser suspicaces. Sobre todo en este momento. Hay muchos enemigos que quieren destruirnos.

Al fin, Castillo se animó a explicar:

—Creemos que el jovencito fue arrojado a la vialidad deliberadamente.

—¿Cómo? ¿Dices que alguien... empujó al niño para que lo atropellaran? ¡Es ilógico! ¿Quién podría hacer eso?

—No sé. Estamos investigando.

—¡Pero el muchacho caminó frente a mí por su propio pie! Incluso me dio la impresión de querer regresar a la banqueta.

—Se estaba tambaleando.

—¿Quieren...? —se detuvo para toser—, ¿quieren decir que alguien raptó a un niño, le inyectó la dosis letal de un narcótico y lo llevó, semi inconsciente, hasta la única bocacalle por la que yo podía salir para arrojarlo frente a mi coche?

Nadie contestó, pero la respuesta era afirmativa. ¡Sólo la mente de un sujeto rematadamente enfermo haría algo así!

—Suponemos —dijo Kelda—, que se trata de una advertencia.

—O de una amenaza —concluyó María Luisa.

—¿Por qué?

—Tenemos enemigos psicópatas. Tú eres nuestro nuevo abogado. El único que puede sacarnos del atolladero legal. El asalto que sufrimos anteayer está relacionado con este atropellamiento.

—¿Cómo lo sabes?

—En ambos casos se usaron drogas aletargantes.

A esa hora pocas personas visitaban a los detenidos, pero pronto las oficinas judiciales comenzarían a llenarse de gente.

Recordó la frase de Ovidio: "Quien ha sufrido un naufragio, tiembla ante las aguas tranquilas".

Era de madrugada. Había una profunda calma a sus alrededor, pero él temblaba.

---

[1] Es importante enfatizar que la capacidad de atención mejora si usamos el volumen correcto y a la velocidad correcta. Incluso, Glenn Doman dice que los bebés no aprenden a leer porque, en los libros, las palabras están escritas en negro y muy pequeñas para la madurez de sus ojos. Si queremos enseñar lectura a un bebé se le "sube el volumen", mostrándole cartelones con grandes letras rojas.

9
FORMACIÓN DEL CARÁCTER ÍNTEGRO

Xavier movió la cabeza tratando de atisbar el fondo de la espesura.

—La situación no me gusta nada. ¡Esos tipos saben dónde vivo! Mi madre, mi hija, mi sobrino están en peligro.

—Todos lo estamos —dijo Ángel.

—Por lo pronto, te sacaremos de aquí —comentó María Luisa.

—Hay una mujer que tiene un puesto de comestibles en la esquina donde sucedió el accidente. Búsquenla. Dijo que había visto a dos personas paradas en la banqueta y que una de ellas huyó después del percance. Su declaración puede ayudarnos.

—Muy bien. Lo haremos. Aguanta un rato más.

Volvió al separo en calidad de detenido.

A las dos de la tarde, lo dejaron libre. Los cargos que le habían imputado por el accidente se levantaron después de la declaración de la testigo y del parte médico. Le entregaron el auto. Ahora, el conflicto se había convertido también en su guerra.

Sentía tanta presión interna que buscó una válvula de escape. Alguien le aconsejó, muchos años atrás, escribir para desahogarse. Nunca lo había intentado, así que compró un cuaderno y lo hizo.

MIÉRCOLES

Llevo dos días en la ciudad. Han pasado cosas terribles. Me siento atrapado, como si una cadena de hierro envenenado me aprisionara. He cometido graves faltas con mi hija, que no sé cómo resarcir. Cada vez me atemoriza más la lucha que se avecina, cual si palpara los más ponzoñosos eslabones de la cadena y hubiese llegado la hora decisiva de morir o liberarme.

Hoy regresé el coche a la arrendadora y compré uno usado. Después fui al edificio DMF. Todo parece muy triste ahí. La algarabía de la obra civil ha cesado. Ya no hay albañiles ni arquitectos. Vi un rollo de pasto alfombra abandonado en la mitad del patio y algunos vidrios apoyados contra la pared. Me encontré con Kelda. Le di las gracias por la ayuda que me brindó. Ayer me inspiró emociones muy fuertes, como si un león se hubiese despertado en mi interior. Hoy el león se ha vuelto a dormir. No me apetece pensar en un romance. Creo que no lo merezco. Le pedí a Kelda que dejáramos pendiente aquella cena para dedicarnos al trabajo inaplazable. Estuvo de acuerdo. Fue lo más sensato, pero tanta prudencia me deprimió más.

JUEVES

Hoy por la mañana llegaron dos abogados al edificio, acompañados de un notario. Me entregaron un apercibimiento para desalojar el inmueble en un plazo de tres días. Les dije que era ilegal. No podían traernos la resolución de desalojo cuando aún estaba en litigio el embargo económico, pero el documento estaba firmado por el juez. Todavía no entiendo cómo lograron hacerlo. Sin duda, compraron al magistrado. Recibí los legajos, notifiqué a los directivos y salí de inmediato a tramitar un amparo. Me he pasado el día en los juzgados.

VIERNES

Esta tarde llevé a Kelda Kempis a su casa. Vive cerca de mi madre. Nos estamos haciendo buenos amigos aunque, cuando charlamos, no puedo dejar de contemplarla y eso la incomoda.

En la noche llamé al hospital para pedir informes sobre el niño que atropellé. Supe que le dan ataques convulsivos y que casi no habla. Tampoco ha dado información sobre su domicilio ni ha sido reclamado por nadie. Tal parece que, si alguien le inyectó droga, lo hizo con la intención de matarlo. Casi lo logró. El doctor cree que hay posibilidades de sacarlo adelante, pero estará internado en la beneficencia médica por un buen tiempo.

90

SÁBADO

He trabajado mucho. El problema legal de la empresa parece complicarse cada vez más. Si no encuentro una salida pronto, nos quitarán el inmueble. Llamé al Padre Gonzalo Gamio para ponerlo al tanto de todo lo que ha pasado y él se dedicó a hablar largamente sobre los pormenores de la guerra espiritual de nuestros días. No es que me haya vuelto menos creyente, pero su charla me atosigó. Tengo la sensación de que Dios se ha olvidado de mí.

Pedí a Marlene Cervantes el instructivo DMF para padres y puse la carpeta en el auto. También me prestó dos audiocintas de capacitación. Estoy aprendiendo pero aún no puedo aplicar los conceptos. Mi sobrino es escurridizo; tiene serios problemas de atención y llora por cualquier cosa. Mi hija no ha regresado.

DOMINGO

Mamá fue a la iglesia con Hugo. Me negué a acompañarla. Extendí los papeles legales de la empresa sobre la mesa del comedor y traté de trabajar. No avancé nada. Estoy en un terrible bache emocional. Me acosté en el sillón de la sala y encendí el televisor. Vi dos partidos de futbol. Después, dormí toda la tarde.

LUNES

El disparate más grande que jamás he visto, es que los Durán y los Rivera siguen llevando a sus hijos a las clases del grupo piloto. Parece como si quisieran que los niños aprovecharan hasta el último minuto todos los beneficios de la escuela DMF antes de que la destruyan ellos mismos. Por desgracia, el representante de la aseguradora llegó cuando los Durán salían. Se lo encontraron. Yo andaba cerca. Escuché la conversación. El político inquirió a qué había ido y el agente contestó: "Traigo buenas noticias; nuestra compañía ha verificado la legitimidad del atraco a mano armada y en pocos días cubrirán el importe del seguro." La señora Durán le preguntó si habían verificado la posibilidad de un auto robo pues los directivos tenían asegurado bienes ajenos poniéndose ellos mismos como beneficiarios únicos. "Tengan cuidado", advirtió. "Ustedes saben que este lugar está embargado y que tal *vez Ángel Castillo contrató a los rateros para quedarse tanto con las cosas robadas como con el dinero de la indemnización." Yo casi nunca pierdo la cabeza en asuntos de trabajo; pero, esta vez, la sangre me hirvió. Encaré a la jefa de logias políticas. Le dije que ellos provocaron ese caos: "Ustedes amenazaron a las directoras, obstruyeron el trabajo de la compañía constructora, bloquearon la subvención bancaria y no me extrañaría que hayan provocado el accidente del joven atropellado y el robo de las computadoras." Entonces Durán me empujó. Me fui de espaldas. Dos sujetos enormes, escoltas personales del político, saltaron, dispuestos a darme una paliza. Pudo más mi instinto de conservación que mi coraje así que, sacudiéndome la manga, me hice a un lado y volví a las oficinas. Durán me gritó: "¡Cuídate, imbécil! Te tenemos en la mira."*

MARTES

Hoy, la inminente avalancha se nos vino encima: La compañía aseguradora nos notificó que habían suspendido la indemnización hasta consumar nuevas averiguaciones. El ambiente en el edificio se ha tornado más pesado. Corre el rumor de que alguien planea lastimar a los colaboradores intelectuales del proyecto hasta hacerlos desistir y varios, indispuestos a comprobar la veracidad del rumor, han desistido de antemano: Los técnicos de filmación se han esfumado del panorama; también se han ido nueve investigadores y cuatro secretarias. El grupo piloto se ha suspendido al fin. Los hijos de Kelda, Marlene y Fabiola estudiaban ahí. Ellas están muy tristes. Aunque hace poco tiempo que formo parte de la empresa, me he encariñado con el proyecto y no soporto la idea de verlo desaparecer.

Por otro lado, mamá averiguó en la escuela de Roxana que las chicas que fueron a la excursión arqueológica ya regresaron, pero mi hija se quedó en casa de su amiga a dormir. Por lo visto no quiere saber nada de mí. Estoy muy confundido.

El miércoles en la noche, Xavier descubrió a Kelda recargada en el barandal del segundo piso. Se le acercó en silencio. Lloraba. Atrás de ella se veía un montón de vidrios rotos que habían estado coquetamente recargados en la pared, en espera del instalador.

—El mal parece a punto de ganarnos la batalla —dijo él.

Ella lo miró con el rostro lleno de lágrimas. No hizo intento alguno de acicalarse. Le preguntó:

—¿Te acuerdas cómo lucía este lugar hace semana y media?

—Sí... Era una orquesta sinfónica tocando el *allegro vivace*. Durante mi primera visita, Pedro se vanagloriaba como un pavo real al decirme que aquí trabajaban más de ciento cincuenta personas.

—Ahora quedamos unas diez.

Sintió el impulso de abrazarla por la espalda, pero se contuvo.

Su esposa había sido afecta a llorar en silencio y a acurrucarse contra su cuerpo por las noches mientras buscaban a su hijo. Recordaba esos instantes de amor como los únicos momentos de tenue paz en medio de la tormenta.

—Ya me imagino a los Camacho tratando de organizar un colegio. No saben en la que se meten.

Xavier asintió. Quería consolar a su compañera, pero tuvo la sensación de que ella sólo necesitaba desahogarse.

—La educación es un trabajo ingrato —continuó—. He laborado en varias escuelas y siempre sucede lo mismo. A los maestros les reclamaron sus errores pero nadie reconoce sus aciertos. La mayoría de los padres de familia son nobles, auque en cada colegio hay, por lo menos, un veinte por ciento de padres "siempre inconformes", que ocasionan el ochenta por ciento de los problemas. Aquí, desgraciadamente, en esa minoría se encuentra el hombre que nos prestó dinero para construir este edificio.

Kelda hablaba con la vista puesta en el infinito. Xavier la admiró de perfil.

—Los "siempre inconformes" —continuó—, se hacen a la idea de que en las escuelas lucran con sus hijos. Pagan las mensualidades con recelo y se mantienen enojados durante todo el mes buscando defectos, atacando a profesores, creando chismes y amenazando con demandar a los directivos por cualquier detalle —giró para mirarlo y le acarició el brazo—. Si nuestro proyecto se deshace, quienes participamos en este sueño tendremos que realizar, de cualquier forma, un gran trabajo. Algo que nadie puede impedirnos: Convertir a nuestros hijos en DIRIGENTES DEL MUNDO FUTURO —suspiró y apartó la mano—. Por cierto, ¿cómo van las cosas con tu niña?

Xavier carraspeó.

—Mal. Roxana se ha rebelado, toma alcohol, fuma, asiste a fiestas nocturnas, no llega a comer. Se fue de viaje sin pedir permiso. Ahora vive con una compañera. No quiere regresar a casa.

—¿Ya hablaste con ella?

—No. Hace ocho días me insultó, se burló de mí... claro, venía un poco tomada. ¡Oh Dios! ¿Cómo puedo decir esto? Lo peor es que mi madre parece muy tranquila, como si toda esta anarquía fuera normal.

Kelda asintió preocupada.

—¿Has oído hablar de las "degradaciones paulatinas"?

—No, aunque me imagino lo que son.

—Si metes una rana en agua caliente, salta huyendo del peligro; pero si la colocas en agua fría y la entibias gradualmente, siente somnolencia y se deja cocinar ¡hasta que el agua comienza a hervir con ella adentro! De igual forma "se cocinan" las personas: nos alarmamos ante un delito, pero, cuando la violencia se vuelve habitual, nos encogemos de hombros. Al iniciarse una rebelión armada, todos los ojos están puestos en el conflicto; pero, si continúa, a los pocos meses la población convive con los guerrilleros. ¡Nos acostumbramos a lo malo! También en los hogares. La primera vez que uno de los cónyuges grita o insulta, el otro es incapaz de creerlo; la segunda vez, el asombro del agredido disminuye. Si las ofensas persisten, la víctima se acostumbra y, aunque lo incomoden, asume los hechos como parte de su vida. Así nos habituamos al alcohol, al cigarro, a la pornografía, a la suciedad, al desorden, a la falta de respeto y a los pleitos familiares.

—Entiendo. Hervimos como ranas. Pues, en casa de mi madre, el agua bulle. ¿Qué hago?

—Depende. ¿Cuánto tiempo piensas quedarte ahí?

—Todo. Quiero vivir con mi hija.

—Bueno, pues pon una campanilla en tu mente y no te acostumbres a la situación. Porque, óyelo, dentro de unos días habrás justificado buena parte de lo que hoy tanto te asusta. En un mes, te quejarás, pero te habrás adaptado a las anomalías. Te veo apático y desganado. Debes reaccionar. Recupera a tu hija. Ve por ella donde quiera que esté. Propicia una charla civilizada. Restituye el daño que le has causado...

—Gracias Kelda, pero Roxana ya está forjada. Eso lo aprendí aquí. Es tarde para cambiar sus malos hábitos.

—¡No digas tonterías! Nunca es tarde para brindar amor a un hijo, a cualquier edad podemos ayudarlos.

—En el manual para padres leí que la educación sobresaliente debe comenzarse desde los primeros años de vida.

—Sí, pero ¡léelo completo! El fin de la educación no es aumentar la capacidad intelectual sino fortalecer el carácter. Eso se adquiere en el hogar, con la guía clara de un maestro de vida, sin importar cuantos años se tengan. Lo explica el segundo programa del sistema.

Xavier se sentía ignorante frente a esa mujer. No le apetecía recibir más regaños. Prefería estudiar, aprender por sí mismo.

—De acuerdo, voy a averiguar dónde está Roxana y hablaré con ella.

—Hazlo, de veras.

Se despidieron con un beso en la mejilla.

Caminó hacia su auto a grandes pasos. Sabía que para educar a un DIRIGENTE DEL MUNDO FUTURO había que inculcarle hábitos de trabajo en el límite superior, pero ahora resultaba que eso no era sino un medio para lograr la meta prioritaria: Formarles el carácter. Abrió el instructivo para padres que traía en el auto desde el sábado anterior y buscó el segundo programa del sistema.

FORMACIÓN DEL CARÁCTER ÍNTEGRO

El *ser* es el respaldo del *hacer*, de modo que no importa tanto lo que se hace sino lo que se es. Un DMF tal vez no gana siempre, pero siempre *es* un luchador asiduo; tal vez no conoce todas las repuestas, pero *es* un investigador incansable; tal vez no le dé gusto a cada persona, pero *es* un individuo excepcional.

Muchos eruditos son desadaptados; muchos sabihondos intrascendentes. De nada sirve tener un cociente intelectual elevado y obtener las mejores notas escolares si no sabemos manejar las emociones, las relaciones, la vida misma.

Para triunfar importa más la inteligencia emocional que la racional, el carácter que la sabiduría. Así, enseñando en el límite superior, debe apuntarse, sobre todo, a la adquisición de rasgos que llamaremos "metas prioritarias del carácter".

El DMF desarrolla principios de ACCIÓN y logra "ser":

- **Valiente**. Enfrenta los retos, aunque sienta temor.
- **Fuerte**. Mantiene su entereza durante los momentos difíciles.
- **Osado**. Emprende acciones intrépidas; calcula el peligro, pero se arriesga.
- **Diligente**. Practica mucho para aumentar poco a poco sus capacidades.
- **Desenvuelto**. Actúa y habla sin inhibiciones, con gallardía y seguridad.

También adquiere principios de TRATO HUMANO para "ser":

- **Sociable**. Se relaciona con distintas personas logrando empatía.
- **Paciente**. Tolera sin enfado los errores ajenos. Sabe enseñar y esperar.
- **Servicial**. Ayuda a otras personas desinteresadamente.
- **Comprensivo**. Advierte la existencia de factores que influyen en los demás y se abstiene de juzgarlos.

Logra principios de PROFUNDIDAD MENTAL y "es":

- **Analítico**. Ve más allá de las apariencias; descubre intenciones ocultas.
- **Indagador**. No se queda con dudas; siempre pregunta e investiga.
- **Responsable**. Asume las consecuencias de sus actos; paga sus errores.
- **Visualizador**. Sueña con grandes logros e imagina cómo alcanzarlos.
- **Humilde**. Reconoce sus carencias y procura aprender de todos.
- **Espiritual**. Aprecia la soledad reflexiva. Se sabe un hijo de Dios.[1]

- **Buen negociante**. Hace tratos justos y eficaces; ahorra; crea riqueza.
- **Ordenado**. Organiza sus recursos y distribuye bien su tiempo.

- **Independiente**. Resuelve sus problemas solo.
- **Saludable**. Cuida su cuerpo, hace deporte, es enemigo de vicios.
- **Asertivo**. Resiste influencias nocivas. No se deja manipular.
- **Optimista**. Ve lo positivo; confía en él mismo; está siempre contento.
- **Adaptable**. Sobrelleva con gusto cualquier situación. Es flexible.

- **Prudente**. Respeta las reglas. No actúa o habla de manera impulsiva.
- **Decoroso**. Entiende el valor de su intimidad sexual y respeta la de otros.
- **Veraz**. No miente ni exagera los hechos.
- **Honrado**. No toma para sí ningún bien o derecho que no le corresponda.
- **Leal**. Protege a los grupos a los que pertenece. Ama y defiende a su país.

Ningún niño nace con las cualidades anteriores ya desarrolladas. Todas son producto del trabajo y el tiempo dedicado a su educación. Como sucede siempre que deseamos alcanzar un ideal, no basta la buena voluntad, necesitamos un plan de acción estructurado:

A. Premie a su hijo por sus actitudes perseverantes, osadas, honradas, desenvueltas, leales... No galardone la excelencia, sino los rasgos de carácter implícitos al obtenerla. Reprenda al niño cuando haga trampas o actúe en contra de las metas prioritarias. De nada sirve un buen resultado, mal obtenido.

B. Inscriba a su hijo en pláticas, conferencias y talleres que afirmen su carácter. Indúzcalo a participar en concursos, competencias y exposiciones públicas. No olvide que la adrenalina producida en momentos de prueba resulta desagradable en principio, pero el DMF se aficiona a ella y nunca se esconde cuando se le pide salir al frente a dar su mejor esfuerzo.

C. Escriba con el niño un ideario que se convierta en su código de honor: Un decálogo, un párrafo o una enumeración de metas supremas. El ideario resaltará los objetivos para fortalecer su carácter. El niño deberá *comprender* los conceptos y aplicarlos a su vida cotidiana.

Xavier recordó el decálogo para los niños con DESARROLLO MÁXIMO DE FACULTADES® y volvió las páginas de la carpeta hasta el inicio. Estaba impreso en la primera hoja como una guía inamovible que los pequeños debían seguir.

DECLARACIÓN DE METAS EXISTENCIALES

1. Soy una persona de acciones rápidas. Practico mucho para ser mejor, entro a todos los concursos, no soy tímido ni me atemorizan los retos.
2. Soy fuerte. Las caídas no me abaten. Prefiero hacer las cosas sin mucha ayuda. No soy caprichoso ni me gusta que me consientan.
3. Soy ordenado y ahorrativo. Pongo los objetos en su lugar; cuido mis pertenencias y las de otros.
4. Soy reflexivo. Analizo todo. Investigo mucho. Sueño grandes cosas y me imagino cómo realizarlas.
5. Soy sociable. Me gusta ayudar a la gente, comprenderla y tratarla con paciencia. Mi misión es servir y dar amor.
6. Soy digno. Me quiero tal como soy. Acepto mi persona y mi pasado. No hago caso de burlas y bajezas; vivo con la cara en alto.
7. Soy sano. Amo el deporte. Detesto el alcohol y el tabaco. Rechazo los temas sucios que denigran la sexualidad y el amor de pareja.
8. Soy asertivo. Tengo derecho a cambiar de opinión y a decir lo que quiero. No permito que nadie me manipule o me haga sentir culpable, tonto o con miedo.
9. Soy leal, honrado y ético. Detesto las mentiras y las trampas. Sólo acepto los actos basados en la bondad y la rectitud.
10. Soy de corazón humilde, amo a Dios y aprendo todos los días algo nuevo.

Interrumpió la lectura. Se imaginó los alcances que podría tener un código así en un niño a quien se le hiciera comprender y practicar desde pequeño. ¿Por qué, si era una técnica concreta para ayudar a moldear el carácter, no se enseñaba de forma sistemática? ¿Por qué sus padres no le dieron un código similar? ¿Por qué no se lo dio él a su hija?

Miró el reloj. Eran casi las diez de la noche. Tenía que ver a Roxana a como diera lugar. Conseguiría el domicilio de la amiga con quien se alojaba e iría por ella. No seguiría siendo un hipócrita que llenaba su mente de conceptos nuevos, pero no los practicaba. Puso en marcha el auto y avanzó decidido.

Preso de una reminiscencia paranoica, condujo muy despacio vigilando a cada peatón. Llegó a su casa y abrió la puerta. Su madre estaba en la cocina. Salió a recibirlo.

—Necesito hablar con Roxana. ¿Dónde está?

—Ya lo sabes. En casa de su amiga.

—Pues quiero que me consigas el domicilio de esa amiga, porque voy a ir por ella ahora.

—Tranquilízate. Si actúas impulsivamente empeorarás las cosas. Además no tengo la dirección. Tu hija nunca ha querido dármela.

—Entonces ¿qué sugieres?

—Hablémosle por teléfono.

Doña Tere hizo toda una ceremonia para encontrar el número de la amiga y marcarlo. Se acomodó en el sillón de la sala y oprimió los pulsadores con excesiva lentitud. Después de un rato, al fin localizó a Roxana. La abuela se mostró condescendiente. Usó frases melosas como si tuviera un enorme miedo de provocarle enfado: "¿Cuándo llegaron de la excursión? ¡No me digas, hijita! ¿Y cómo les fue? ¡Ay, qué gusto! ¿Y cuándo piensas regresar a la casa? ¿Pero por qué? Tu primito pregunta mucho por ti. ¡Ya no nos castigues más!"

Xavier sintió como el enojo le subía a la cabeza. Se imaginaba a la adolescente grosera del otro lado de la línea, burlándose de su abuela, mientras se limaba las uñas.

Tendió la mano, pidiendo el aparato.

—Tu papá quiere hablar contigo. Te mando muchos besos, hijita.

Xavier tomó el auricular justo cuando Roxana cortó la comunicación. El sonido se le clavó en el oído como una espina intermitente.

—Dame el número —le pidió a su madre.

Volvió a marcar. Sonó ocupado.

—Seguramente descolgaron el aparato.

Se puso de pie y subió a la recámara de Roxana. Abrió los cajones, el armario, la mochila. Revolvió la ropa, sacó papeles. Halló en el fondo de la última gaveta una cajetilla de cigarros, una botella de rompope y una agenda personal. En la primera hoja había un símbolo tachado con plumón negro. Era el escudo familiar que él y su esposa habían diseñado con las letras equis entrelazadas.

—¿Qué buscas? —le preguntó su mamá que había subido tras él—. No está bien que esculques sus cosas. Se pondrá furiosa.

Xavier no contestó.

Hojeó la libreta con domicilios y teléfonos. Confrontó el número que había marcado con cada uno de los que estaban escritos. Tardó en encontrarlo, pero al fin lo hizo. Correspondía a una tal Lulú López, con dirección en Azulejos veinticuatro, Rinconada de Coyoacán.

Estaba cerca. Tomó su guía de calles y salió.

---

[1] El origen del "Ser" representa un punto de partida para todo método educativo. Así, cada corriente de pensamiento (freudiana, marxista, conductista, darwiniana, etc.), concibe de diferente manera los principios de la vida humana y fundamenta en esas ideas sus actos y metas. El sistema educativo para el DESARROLLO MÁXIMO DE FACULTADES® se basa en la concepción **cristiana** del origen del ser y de ella parten todas sus propuestas formativas.

10
COBERTURA Y PATRONES DE OBEDIENCIA

Llegó a la casa de Lulú López. En la planta superior las luces estaban encendidas. Escuchó música y risas.

Tocó el timbre y esperó. A los pocos minutos, la ventana se abrió. Asomó la cabeza una adolescente en camisón de dormir.

—¿A quién busca?

—Me llamo Xavier Félix. Quiero hablar con tus papás.

—No se encuentran.

—Soy el padre de Roxana. Me dijeron que estaba aquí. Necesito verla.

La chica dudó. Pareció recibir instrucciones de alguien en el interior.

—Roxana tampoco está.

—Es mentira. Hace un rato llamé por teléfono a esta casa y aquí se encontraba. Si no la dejan salir, iré por la policía.

La joven volvió la cabeza hacia adentro y desapareció. Después, alguien se asomó de nuevo. Era Roxana. Xavier la miró desde abajo.

—¿Qué quieres? —preguntó ella.

—Que regreses a la casa. No es correcto lo que estás haciendo. Soy tu papá. Necesitamos entendernos.

—Yo no tengo papá. Se murió en la sierra.

—Deja de decir tonterías y baja.

—Lárgate de aquí ¿quieres? Eres un necio chiflado. No quiero nada contigo.

—¡Roxana, estoy tratando de comunicarme! Si hay alguien tonto y loco aquí, eres tú.

—Vete al diablo.

La ventana se cerró.

Xavier permaneció en la calle durante casi veinte minutos. Después caminó hacia su auto. Estaba completamente abatido. Sentía cómo las lágrimas de impotencia pugnaban por salir de sus ojos. Se controló. Vio la libreta de capacitación a su lado. Tosió, se frotó la cara, la tomó y leyó un texto del segundo programa.

¿TUS HIJOS SON POBRES O RICOS?

La riqueza no es una condición material; es un estado del alma producto de la educación del carácter.

En el mundo hay niños pobres y ricos.

Los pobres tienen un carácter sin educación: son perezosos, no se esfuerzan, no respetan horarios, detestan el estudio y exigen diversiones día y noche; se sienten merecedores de todo, son exigentes y groseros, siempre obtienen lo que desean a base de llorar o fingirse enfadados; sus padres, aprensivos, los miman en exceso y les dan de inmediato cuanto piden. Así se vuelven pobres. Nunca llegan a conocer el valor de las cosas, poseen muchos juguetes con los que no juegan, se hacen descuidados y destructores, no saben ahorrar y nada les causa ilusión. En su pobreza, simulan ser más ricos que los demás, presumen sus posesiones, tratan con displicencia a los menos favorecidos y actúan con ínfulas de grandeza.

Los niños ricos, por el contrario, tienen un carácter forjado en el esfuerzo; saben que la vida implica un proceso de sembrar y cosechar; que la inspiración sólo llega con la perseverancia, que no basta estirar la mano y graznar "dame, dame" para obtener algo; que todo tiene un precio y la única forma de pagarlo es trabajando. Los niños ricos son tenaces, poseen un carácter de lucha, les gusta caminar, ejercitarse, sudar, disfrutan la sensación del esfuerzo en su cuerpo y en su espíritu. Poseen pocos juguetes, pero aprecian los que tienen, los cuidan, los organizan, son creativos con ellos, les sacan el máximo provecho. Esperan las fechas importantes para solicitar el regalo que tanto anhelan, pero se conforman si no lo reciben y siguen siendo felices. También ahorran dinero para comprar algo que les ilusiona. Los niños ricos jamás practican la ostentación de clases sociales. Son sencillos y nobles.

Se ha dicho mucho sobre los métodos para hacerse millonario y los padres se obsesionan por heredar dinero a sus hijos, pero ha llegado el momento de establecer una verdad concluyente: Sólo educando el carácter de los niños les proporcionamos riqueza real.

—¿Qué pasó? —le preguntó su madre en cuanto lo vio entrar, cabizbajo a la casa.

—No quiso venir.

—Te lo dije. Hay que darle su tiempo.

—Mamá, siento que me estalla la cabeza —se desplomó en el sillón—. ¿Me das una aspirina?

—Claro.

Doña Teresa fue a buscar el medicamento. Xavier se quedó solo. Vio el teléfono a su lado y lo tomó. Sacó una tarjeta y marcó el número de Kelda. Después de siete tonos, su amiga le contestó.

—¿Hola?

—Habla Xavier. ¿Ya estabas dormida?

—Casi. ¿Pasa algo malo?

—No... Es decir, sí. Necesito ayuda. La situación con mi hija se ha complicado mucho. Estoy desesperado. Se niega a regresar a la casa.

Le relató los detalles de cuanto había ocurrido esa noche y terminó su retahíla de lamentos quejándose de su madre.

—Mamá es muy consentidora. No sabe imponer orden. Por eso Roxana se ha descarriado; Huguito también ¡y sólo tiene tres años!

Oyó suspirar a su amiga, como lo haría un doctor a quien se le importuna a media noche para forzarlo a prescribir un fármaco sin conocer el estado real del enfermo.

—Entonces, ¿crees que la culpa de todo la tiene tu mamá?

—En gran parte, sí.

—Pues comentes un error. Los abuelos están en una etapa distinta a la nuestra. Ellos ya cumplieron las exigencias de la vida. Ahora quieren y merecen tener *paz*. Son cariñosos en extremo con los nietos porque su prioridad es disfrutarlos, no educarlos. A tu mamá no le corresponde ser estricta; le corresponde dar amor. Si tu hija tiene problemas de conducta, es por culpa tuya, no de ella; Huguito es un malcriado gracias a la indiferencia de sus papás. No seas de los irresponsables que "usan" a los abuelos como nanas gratuitas; de los que se van de viaje y les dejan a sus nietos durante semanas; de los que salen por las noches y les encargan a los niños para después echarles en cara que los han malcriado. Cada uno tiene su papel. Entiéndelo. Los papás deben formar y educar a sus hijos, los abuelos llenarlos de cariño.

—¿Así que el único que puede formar el carácter de Roxana soy yo?

—Sí. A como dé lugar, gánate su confianza para que después le enseñes un código de conducta.

—¿Y qué hago si no quiere ni verme?

—Insiste. Te está probando para captar hasta qué punto estás dispuesto a luchar por recuperarla. Persevera... Ve a buscarla mañana a la escuela y charla con ella.

—¿En qué tono?

—Comienza por hacerla sentir que la amas. Lo necesita. Ha sufrido mucho por tu rechazo de tantos años. Después háblale de tus experiencias más crudas. Dile cosas que no confiarías a un niño. Así se dará cuenta de que la consideras madura. Los adolescentes luchan con desesperación por sentirse mayores; si se sienten manejados como niños, te rechazan o huyen.

—Pero, el otro día le expliqué que había estado buscando a su hermanito y me preguntó si había salido del inodoro; después le propuse establecer nuevas reglas y me gritó: "Estúpido, debiste quedarte donde estabas."

Hubo un corto silencio. Sabía que Kelda se sentía consternada.

—No sirvo para poner orden aquí —continuó él—. Alguna vez leí que un adolescente es una bomba de tiempo y que los padres tienen doce años para desactivarla. Yo no lo hice.

—Oye, Xavier, me pareces muy poco razonable esta noche. Imagina que un médico llega tarde con un paciente, lo encuentra grave, se desanima y dice "soy un tonto, debí venir antes, ahora la situación es compleja y ya no tengo derecho a salvarle la vida". ¡Sería ilógico! Si llegaste tarde, actúa con más decisión y energía. No te muestres autoritario, sino transparente. ¡Ábrete! Haz que Roxana te entienda para

104

obtener su respcto. Sé claro en tus sentimientos, reconoce tus errores, pero si ella te insulta, muéstrate ofendido, no lo toleres. Enséñala a decir: "Papá, estoy furiosa porque me abandonaste" en vez de "estúpido, debiste quedarte donde estabas". Cuando se comuniquen de forma razonable podrás comenzar a poner límites.

—Pero, al final, debo llegar a eso: A ponerle límites ¿verdad?

—Sí.

—¡Roxana no lo aceptará!

—Ella es como un potrillo herido que corre desesperado; no sabe que sus lesiones sólo sanarán bajo la cobertura de alguien que la ame. Tú debes ser ese alguien que la atrape y la cure. COBERTURA es el principio básico. Cuando una criatura recibc amor, modifica su comportamiento negativo, se deja guiar, confía en su maestro y lo hace responsable del rumbo elegido. Por otro lado, al dar cobertura, el adulto diseña un código de conducta, dirige al niño y evita riesgos, micntras lo lleva suavemente de la mano. Conquista a Roxana para que ella se ponga bajo tu protección. Le quitaste tu amparo durante cuatro largos años y se rebeló. Ahora no acepta ninguna autoridad porque no confía en nadie.

—¿La cobertura es como un techo de resguardo?

—Exacto, un techo bajo el que crecemos y maduramos. La cobertura marca límites seguros, como los muros de contención en un barranco. Imagínate cruzar en las tinieblas un puente angosto sin barandales, sobre un gran abismo. ¡Resultaría espeluznante! Tanto, como la vida de Roxana. Ella quiere, necesita, que la protejas con tu baranda de amor y con la luz de un código de conducta para formar su carácter.

—Pero no negarás que es mejor corregir a un niño pequeño, que enloquecer tratando de guiar a un adolescente amotinado.

—Eso es cierto. La educación debe ser preventiva, no correctiva.

—¿Lo ves? Para mí es tarde. ¿Qué debí hacer en el pasado?

—Mejor hablemos de lo que debes hacer en el futuro.

—No. No. Explícame. Necesito ver el cuadro completo para pintar la esquina faltante. Además también tengo un sobrino a quien quisiera ayudar. ¿Cómo se establece la cobertura con un niño pequeño?

—De acuerdo —concedió—, te pondré un ejemplo. A Mary, de dos años, su mamá le explica que no debe asomarse sola por el balcón del edificio. Un día, la niña intenta salir al balcón; la madre le recuerda con severidad el código; Mary, quiere imponerse, para demostrar quién manda, y sale. La mamá la alcanza y, sin enojarse, le pega con una varita en las asentaderas. La niña llora. Si su arrepentimiento es real, después de un rato la madre se le acerca, la abraza y le recalca la importancia de respetar el código. Eso es establecer cobertura.

—¿Pegarle?

—Nunca a un adolescente como Roxana. Incluso muchas de las palmadas correctivas a hijos pequeños deben evitarse, porque en la educación sobresaliente se les debe tratar como si fueran adultos: darles su lugar, conversar con ellos, verlos a los ojos y explicarles serenamente las cosas. Sin embargo, cuando un chico se niega a escuchar y declara la guerra, debe recibir, en forma inmediata y sin ira, un correctivo físico, no fuerte, pero sí serio y eficaz. Cuando un padre castiga, la madre jamás debe intervenir y viceversa. Pasado un tiempo razonable, el padre que corrigió se acercará al niño para manifestarle su amor y explicarle en forma clara por qué se ganó el correctivo.

—Algún malintencionado podría acusarte de ser demasiado severa en tus sugerencias.

—Es verdad. Abundan quienes defienden la idea de dejar a los niños crecer sin presiones y escandalizan como pájaros descerebrados cuando les aconsejas enderezar el árbol torcido. Xavier, no saques de contexto algo tan claro: La educación sobresaliente es firme, pero no brusca. Los malos tratos son aberrantes, aplastan la autoestima de los niños, incluso ocasionan más muertes infantiles que las enfermedades y los accidentes. ¡Hay muchos discapacitados que quedaron ciegos o inválidos por un golpe de sus padres! Gran cantidad de adultos golpeadores y delincuentes fueron, a su vez, niños golpeados. La violencia familiar es el cuadro más trágico de la humanidad. Pero, por otro lado, entiéndelo bien, padres instruidos, equilibrados, que actúan con responsabilidad, no deben tener miedo de disciplinar al hijo rebelde que trata de imponer su ley. La naturaleza usa el dolor como arma pedagógica: Si el niño mete la mano al fuego, se quema; si trepa al respaldo de una silla, se cae; si jala un mantel y se echa encima un florero, se descalabra. El dolor educativo nos hace madurar. Esencialmente los errores producen dolor. Estar en la cárcel es doloroso; pasar por un divorcio también. Las personas huimos del dolor por instinto y así aprendemos a evitar más errores. Un DMF sólo requiere dos o tres castigos rápidos, aislados y firmes, en toda su vida. Después se convierte en una personita razonable, que acepta la cobertura y lucha por el perfeccionamiento de su propio carácter.

—Tal vez algún día pueda dar cobertura a mi sobrino, pero insisto en que con Roxana es demasiado tarde.

—¡No, si dialogas con ella!

—Se dice fácil, ha heredado un carácter violento. Yo soy igual.

—¿Lo ves? ¡Apenas ha pasado una semana y ya estás justificando su conducta! La herencia no determina el carácter. Si queremos que un niño sea servicial, desenvuelto, humilde, ordenado... necesitamos enseñarle esos rasgos. Ni el medio ambiente, ni el amor excesivo, ni los factores hereditarios moldean a un niño; sólo la educación específica lo hace. En principio, preocúpate por dar cobertura a tu hija y por que ella la acepte. Lo lograrás cuando establezcas un vínculo de respeto mutuo. Si un padre no merece respeto, tampoco lo merecen ninguno de sus consejos. Dice Dobson: "La más extraña de todas las paradojas de la educación es que el niño desea ser controlado, pero insiste en que sus padres se ganen el derecho de hacerlo."

—¿En otras palabras, necesito lograr que sea obediente?

—No. La obediencia no es un valor por sí mismo; todo depende de a quién se obedece y por qué. De hecho, creo que tu hija es *demasiado* obediente. Los niños más obedientes fuman, toman alcohol e incluso drogas; están indefensos ante los abusadores sexuales, porque ¡no saben contradecir a nadie! Al niño hay que enseñarle a respetar un código de conducta, a seguir un mapa de valores, a analizar los pros y contras de cada acción y a tomar decisiones de manera juiciosa. En las metas prioritarias del carácter no dice que el DMF deba ser "obediente", pero sí "analítico, prudente y responsable".

—¿Entonces, según tú, debo lograr que Roxana confíe en mí como guía, se ponga bajo mi cobertura y obedezca el código de carácter que establezca con ella?

—Sí. Lo has resumido muy bien.

Doña Tere entró en la sala. Traía agua y una charola con cuatro diferentes pastillas. Xavier sonrió. ¡Su madre era especialista en prodigar amor y cuidados! Tomó una aspirina y se la tragó.

Se despidió de su compañera.

—¿Cómo puedo agradecértelo?

—Reconquistando a tu hija. Algún día me gustaría conocerla.

Recordó el parecido físico de Kelda con su esposa y se preguntó cómo reaccionaría Roxana al ver algunos rasgos de su madre en esa joven investigadora. Por lo pronto, lo consideró una mala idea. Le dio a su compañera el número telefónico de la casa, por si necesitaba localizarlo y se despidió deseándole buenas noches.

—¿Con quién hablabas? —preguntó doña Tere.

—Con una amiga del trabajo, experta en educación sobresaliente.

—¿Y qué te dijo?

—Que sea paciente e insista, hasta que Roxana ceda. Mañana iré por ella a la escuela.

—Muy bien. Pero yo estaba pensando... El coche que compraste ya está un poco viejo. ¿Por qué no vuelves a rentar uno para pasar por ella? ¡Un auto de lujo! Eso la impresionará.

—¿Es tan superficial?

—Te comenté que reniega de nuestra posición económica.

Xavier recordó el texto alusivo a ese tema en la carpeta para padres.

—Espérame un minuto.

Fue al auto. Regresó hojeándola. Encontró la página que buscaba. Abrió las argollas de metal y sacó la cuartilla.

—Esto forma parte de una filosofía que estoy aprendiendo.

Leyó muy despacio. Cuando terminó, su madre tenía los ojos muy abiertos.

—Es increíble —susurró quitándole la hoja para verla de arriba abajo como si examinara un collar de esmeraldas—. Roxana debe leer esto. ¿Qué más tiene esa carpeta?

Xavier se la dio, satisfecho por el interés que le había despertado. Era un buen inicio. Tomaron juntos un café y hablaron largamente. Él le narró detalles de los cuatro años que estuvo viajando, le habló de los problemas de la escuela, de sus dudas como padre y del incipiente enamoramiento que sentía por una compañera de trabajo. También le pidió perdón por haberla culpado de las rebeldías de Roxana.

Doña Teresa, a su vez se desahogó de sus confusiones y tristezas.

Esa noche, Xavier durmió plácidamente, pero a las cuatro de la mañana sonó el teléfono. Bajó hasta la sala para contestar.

Su corazón se aceleró como el de un adolescente al reconocer la voz.

—¿Xavier?

—Sí, Kelda.

—Acaba de suceder algo terrible.

Su tono de voz sonaba alterado.

—¿Qué pasó?

—¡Esto parece una pesadilla! Algo terrible. Fabiola estaba histérica cuando me llamó.

Apretó el puño preso de un prematuro nerviosismo.

—María Luisa y Ángel... Los atacaron.

—¿Cómo?

—Tenemos que verlos. ¿Puedes pasar por mí?

—Claro, pero ¿a dónde vamos?

—A urgencias... en el hospital de quemaduras.

—¿De que... ma...?

—Hubo una explosión en su casa. En este momento se está incendiando todo. Los bomberos se encuentran allí.

—Paso por ti en diez minutos.

Colgó. Se vistió con rapidez y salió sin hacer ruido para no despertar a su madre.

Varios kilómetros antes de llegar a la casa de los Castillo vieron el resplandor de las llamas iluminando el cielo nocturno. Kelda no hablaba. Avistando el humo que se abría en forma de cono, Xavier recordó las gélidas noches en la sierra de Chihuahua.

Su esposa y él tiritaban alrededor de las fogatas hechas por los tarahumaras. Se encontraban en una expedición lóbrega, buscando el rastro de sectarios satánicos que, según les informaron, sacrificaban muchachos a su sanguinaria deidad en cuevas cercanas. Los indígenas nobles y serviciales, les brindaron alimento, alojamiento y un guía. En el fondo, Ximena y él abrigaban la esperanza de que sólo se tratara de rumores, pero también presentían que rozaban fuerzas del mal, hasta antes desconocidas. Varias veces observaron la columna de humo elevándose a la luz de las estrellas. Conforme el viaje avanzó, su comunicación se hizo menos verbal. Dormían abrazados, aunque casi nunca hacían el amor. Cuando uno lloraba, el otro se mantenía fuerte. La mañana en que hallaron la primera cueva ceremonial, Ximena vomitó. Había sangre en el suelo, títeres de trapo degollados, con alfileres clavados en el tronco y trozos de ropa infantil. En la segunda caverna descubrieron a un joven cercenado; su cuerpo estaba doblado por la mitad como muñeco roto. A partir de entonces Ximena pareció esfumarse, dejó de rezar, comer, dormir y abrazar a su esposo. Más de una vez él la sorprendió con los ojos muy abiertos en la madrugada, contemplando el humo que se movía hipnóticamente sobre sus cabezas. Estaba delgada, pálida, encanecida, enferma. Xavier no supo que traía tranquilizantes en su mochila. Una semana después de haber encontrado los restos de aquel cuerpo, se tomó el frasco entero. Esa noche él creyó que dormía plácidamente, así que procuró no despertarla, hasta las once del día siguiente. Cuando la descubrió rígida creyó que se trataba de una broma, un sueño, un espejismo... No asimiló lo ocurrido hasta que llegó una brigada de primeros auxilios. Le dijeron que su esposa se había suicidado. Xavier sufrió una conmoción. ¡No podía ser verdad! ¡Buscaban a su hijo para aferrarse a la vida! ¿Con qué derecho Ximena renuncio a esa lucha? ¿Se trastornó al grado de no discernir? ¿No comprendía que el suicidio es como un escupitajo a la cara del Único capaz de regalar la existencia? ¿Tenía tanto miedo que perdió la razón e incurrió en el acto más cobarde, sin importarle el choque emocional que ocasionara a su familia?

Xavier no había podido contestar esas preguntas.

—El paso está cerrado—dijo Kelda—, detente.

Obedeció. Dos patrullas bloqueaban el acceso a la calle del siniestro. Había ambulancias y camiones de bomberos. Las llamas de la casa incendiada se levantaban sobre el resto de las construcciones.

11

IDENTIDAD
CON EL MAESTRO DE VIDA

Estacionó el auto y bajaron. Un policía obeso cuestionó su interés en el desastre. Kelda se encargó de conversar. El gendarme les informó que habían evacuado la casa. No, no sabía con exactitud qué había sucedido. Sí, al parecer hubo varios heridos. Uno de gravedad. ¿Qué tanto? Mucho. Falleció. No, no fue un hombre, sino una mujer. Sí, la situación era delicada. En ese momento el incendio alcanzaba dos viviendas adyacentes. Algunos suponían que se originó por una explosión. Sí, en cuanto fuera posible iniciarían un peritaje para conocer las causas. Sugirió que se retiraran pues seguían ocurriendo estallidos, tal vez por las tuberías de gas o por la presencia de productos inflamables. No, no podían pasar. Ya se los había dicho.

Dieron un paso atrás para contemplar el alucinante espectáculo de las llamas consumiendo casas. Xavier cerró los ojos y trató de calmarse. Gonzalo Gamio le había asegurado por teléfono que las fuerzas del mal estaban trabajando en el mundo para extinguir la paz, sin hacer nada en forma directa, sólo provocando a las personas para que ellas se mataran entre sí. Xavier le cuestionó en aquella discusión telefónica:

—¿La gente es tan proclive a hacer el mal, que incluso se atreve a lastimar a los más inocentes?

—Así es —respondió el sacerdote—. Los perversos no se tientan el corazón para causar daño, incluso a los niños. De hecho, consideran a los pequeños blancos interesantes. Analiza algunas caricaturas modernas. Están llenas de sangre, violencia y hasta perversiones sexuales disfrazadas. Vivimos en una época de lucha. El mal entra en los hogares, vaga como una mancha de polución en las ciudades y nos rodea.

Pero dice la Palabra que los ángeles del Señor salvaguardan a quienes le honran[1] y que Dios hace escapar de los malvados a los que apelan a su protección[2]. Es preciso darle a los niños el poder para blandir esas promesas. Ellos necesitan armas. Si pretendemos ayudarlos a ser dirigentes del mundo, no bastan escudos intelectuales, necesitan cobertura espiritual.

—Eso me suena a proselitismo religioso.

—Es religión, pero también es ciencia. Los niños actúan en base a los prototipos de vida que conocen. Si conviven con el mal se vuelven malvados, si ven modelos de bien, se vuelven buenos. Las personas aprenden imitando a un maestro y el maestro, de forma automática, brinda cobertura a quienes le siguen. Hay una leyenda sobre un rey que gustaba de convivir con el pueblo. Entre la gente, un niño siempre iba detrás de él. En cierta ocasión, el monarca lo llamó y le preguntó por qué lo seguía. El pequeño le contestó: "Usted es la persona a quien más admiro en el mundo, lo acompaño para observarlo." El rey notó que, en efecto, el niño había adoptado ciertos rasgos en su hablar y caminar similares a los de él. Sintió una gran ternura y le asignó un lugar especial en sus excursiones. Con el paso del tiempo lo adoptó como hijo. El carácter del discípulo se forma observando los movimientos del maestro. Eso es la proyección inversa. Muchos pequeños nos observan e imitan sin darse cuenta. Sin darnos cuenta. De igual modo debemos imitar los modelos elevados y sublimes. Por ejemplo, Jesucristo no toleraba la hipocresía; pero, no obstante su naturaleza divina, servía, amaba, predicaba, reía, iba a fiestas, compartía con sus amigos y dedicaba todos sus actos a Dios Padre. ¿Cómo sería nuestra vida si nos interesara más agradarlo a Él que agradar a los hombres o satisfacer nuestros deseos? Conoceríamos un tipo de placer mayor: seríamos hijos adoptivos del Creador[3], merecedores de sus promesas y tendríamos un guía infalible.

—Te veo muy pensativo —le dijo Kelda interrumpiendo las rememoraciones de su charla telefónica—. No podemos quedarnos aquí, mirando este desastre. Vamos al hospital.

Caminó con su compañera.

Ya en el automóvil, condujo con mucha lentitud.

—Si alguien provocó este incendio, nos enfrentamos a verdaderos psicópatas.

Kelda no respondió. Estaba tan consternada como él.

Continuó hablando sin aumentar la velocidad del vehículo:

—Cuando charlé con el padre Gamio por teléfono, me dijo que las personas malvadas lo son, porque desde niños adoptaron el modelo de pésimos maestros de vida. Mencionó las palabras "proyección inversa". ¿Tú crees que individuos capaces de matar y crear catástrofes como ésta, lo hacen por sus malos guías de la infancia?

Kelda miró hacia delante. Esta vez su voz no tenía el tono doctrinal de quien expone sus teorías. Sonaba muy preocupada.

—La proyección inversa es un proceso mediante el cual adoptamos de forma inconsciente las actitudes, ideas, sentimientos y reacciones de aquéllos que admiramos o detestamos. Te platiqué que mi esposo era "especial" —bajó la voz hasta un nivel íntimo—. Antes de hallarlo con su amante, ocurrieron... cosas... No te lo conté, pero él tenía otras características terribles —carraspeó un poco y continuó con voz trémula—. Me golpeaba. En tres meses de matrimonio me dio seis palizas. Con la última, me mandó al hospital. Yo estaba embarazada. Las autoridades nos obligaron a ir con un terapeuta. En la primera sesión de catarsis, mi esposo comenzó a llorar. Tenía doble personalidad, a veces era tierno y otras agresivo. Ahí confesó: "Yo sé que maltratar a mi esposa es aberrante, lo sé, siempre lo he sabido, pero cuando pierdo el control, cuando me ciega la ira, simplemente hago lo que hacía mi padre. Toda una vida lo vi golpear a mi mamá; crecí en un ambiente hostil y, cuando niño me dije: 'nunca voy a maltratar a mi mujer, nunca voy a ser tan ruin', pero, ¡lo hago! Sé que está mal y no puedo controlarlo." A lo largo de la terapia, admitió que, para huir de las palizas de su padre, se refugiaba con un vecino en el apartamento de al lado. Admiraba a ese defensor y con él aprendió una extraña manifestación de cariño: la homosexualidad. Mi esposo tuvo modelos equivocados de vida. El sacerdote te dijo algo cierto. Tanto el código de carácter como los modelos proporcionados por maestros de vida son parámetros que alimentan el subconsciente moldeando la personalidad del niño.

Continuaron hablando del mismo tema por un rato más. Para cada objeción, Kelda tenía una respuesta rápida e interesante. En medio de la tragedia, percibió como crecía su admiración por ella.

Comenzaba a amanecer.

Llegaron al hospital de quemaduras, fueron al escritorio de información, preguntaron por la familia Castillo y les indicaron que estaba siendo atendida por los médicos y no podía recibir visitas.

Hallaron a Marlene y a Eduardo Cervantes en la sala de espera, acompañados de Fabiola Badillo.

—¿Qué ha pasado? —preguntó Kelda.

—Una desgracia.

El rostro de Marlene lucía pálido y ojeroso. Se dirigió a Xavier como quejándose con su médico de una inexplicable complicación.

—¡El incendio fue provocado! Todo lo que está pasando lo es: El niño atropellado, el robo del edificio, el bloqueo de la aseguradora, el embargo... ¿Qué vamos a hacer? ¿Hasta dónde tenemos que soportar esta situación?

Él no atinó a contestar nada.

—Nos informaron que una mujer falleció —dijo Kelda—. ¿Quién era?

—La enfermera de Ulises. Quedó atrapada en su habitación. ¡Esto es una locura! María Luisa y Ángel tienen varias lesiones. Ambos sacaron a sus hijos cargando, en medio de las llamas. El menor se descalabró con una lámpara que le cayó encima, Ulises está ileso, pero sufre una terrible crisis nerviosa. ¿Ven a esos dos policías? Vigilan a Ángel para que no se fugue. ¿Lo creen posible? ¡El pobre ni siquiera puede moverse! Pero, eso sí, ya lo señalaron como presunto responsable de la tragedia.

Pasaron las siguientes horas atónitos, incapaces de creer, mucho menos asimilar, la magnitud de esa catástrofe. A las ocho de la mañana fueron a la cafetería del hospital, aunque ninguno tenía hambre. A las nueve regresaron a la sala de espera. Se acercaron a la recepcionista para preguntar cuándo podían ver a alguien de la familia Castillo. La enfermera, sonriente, les informó que en cuanto saliera un grupo de personas que había entrado antes, los dejaría pasar a la habitación de Ángel.

—¿Un grupo de personas? —preguntó Eduardo—. ¿Quiénes serán? ¿Familiares?

Ninguno supo la respuesta. Se pusieron alertas. A las nueve treinta salieron cuatro hombres: Camacho, Rivera, Durán y un abogado. Se quedaron fríos. ¿Qué hacían ahí?

—Pueden entrar —les dijo la enfermera.

Lo hicieron.

Ángel estaba despierto, aunque tenía los ojos cerrados. Su brazo izquierdo se hallaba conectado al suero y un velo le cubría, como carpa, el tronco y las piernas. Sobre la mesilla había unas hojas membretadas con el sello de la policía. Xavier las tomó. Era una notificación de arresto, imputando cargos por almacenar productos químicos altamente explosivos en una zona residencial, daños a propiedad ajena, responsabilidad civil y, lo más delicado: la muerte de una persona.

—¿Cómo estás? —preguntó Marlene.

Ángel abrió los ojos. Miró a sus amigos con gesto demacrado, las córneas vidriosas, la voz débil.

—Mal. Ni a mi peor enemigo le deseo lo que me está sucediendo.

Marlene lo tomó de la mano.

—Te has repuesto de tragedias peores. Tienes que seguir luchando.

—No, amiga. Yo renuncio a esta guerra —hizo una pausa y abrió los ojos para dar la peor noticia—. Firmé la aceptación de desalojo y la cesión de derechos de nuestras instalaciones.

—¿Cómo? —preguntó Eduardo.

—Acaban de irse.

—Los vimos.

—Traían un documento para finiquitar pacíficamente el litigio del embargo económico.

—Vaya —dijo Xavier—. Un apoderado legal tiene autoridad para firmar ese tipo de papeles, pero nunca debe hacerlo a espaldas de sus socios y menos en ausencia de su abogado.

—Es verdad, pero me presionaron. De haber sabido que ustedes estaban aquí...

—¿Eso significa —preguntó Kelda—, que ya no podemos volver al edificio? ¿Ni por nuestras cosas?

Castillo asintió. Durante varios segundos nadie habló. Marlene sacó un pañuelo desechable de su bolsa y se lo llevó a la cara.

—Hemos trabajado durante años —dijo Kelda—. El inmueble es lo de menos; que se queden con él. Pero no podemos cederles el sistema. Todas nuestras investigaciones se hallan en la caja fuerte. Estábamos reorganizando los manuales técnicos. Debemos recuperarlos.

—Cierto —la apoyó Eduardo—. Si tenemos "el cómo" es factible conseguir nuevos patrocinadores y volver a comenzar.

Ángel movió la cabeza.

—Ahora entiendo... hice mal en firmar ese papel... Discúlpenme. Tuve un momento de terror. Por desgracia, cedí el inmueble con todos los contenidos... ¡Cómo me gustaría no haberlo hecho! Es un mal consuelo, pero si se desplazan rápido tal vez aún puedan entrar a las oficinas para sacar sus pertenencias.

—Iremos Fabiola y yo —propuso Kelda—. Si esos malvados ya tomaron posesión del edificio, nos mostraremos sumisas con ellos. Les diremos que estamos arrepentidas de no haberlos apoyado y que no deseamos quedarnos sin empleo. A como dé lugar recuperaremos lo que hay en la caja fuerte.

Se despidieron de su amigo y salieron uno a uno de la habitación. Xavier fue el último. Ángel lo detuvo.

—No te vayas. Necesito platicar contigo... a solas.

Regresó y se sentó junto a su cama.

—¿Qué ocurre?

—Estoy muy asustado. Mis dos hijos sufrieron daños en el incendio, mi esposa está herida, la enfermera muerta, perdí mi casa... Y temo por ti. Creo que también estás en grave peligro.

—¿Por qué?

—No quise hablar de esto frente a nuestros compañeros porque son temas distintos. A ellos los agrede un grupo de frívolos elitistas; a nosotros nos atacan dos criminales.

—¿Cómo?

—Hace cuatro años, hice que detuvieran a Lucio Malagón. Estuvo en un hospital, con graves quemaduras, antes de ir a la cárcel. Ahora se ha vengado de la misma forma. La policía asegura que había explosivos en el sótano; pero ¿quién los metió ahí? La idea de que Malagón haya pisado mi casa sin que yo me diera cuenta, me aterroriza. Optó por la ley del talión al provocar un incendio. Pero igualmente pudo asesinar a mi familia a sangre fría. Los Malagón son gente perversa y están juntos de nuevo... No lucharé contra ellos.

—¿Dijiste *los*? ¿Cuántos son?

—Dos. Lucio y Artemio. Saben que colaboro en la escuela DMF. Creen que es mi negocio, por eso robaron las computadoras. A ti te han visto llegar al edificio. No les interesa el colegio; sólo quieren acabar con nosotros. Su venganza es personal.

—¿Por qué? ¿A quiénes nos estamos enfrentando?

Castillo guardó silencio durante un largo rato. Después relató:

—Hace muchos años, una vieja prostituta fue golpeada brutalmente por uno de sus clientes. Se le formaron coágulos en el cerebro que afectaron sus aptitudes mentales. Como no tenía familia acabó en un hospital psiquiátrico, pero escapó. Vagó por las calles sin rumbo fijo. Cuando la hallaron estaba embarazada. Tuvo a su hijo, aunque poco después volvió a escapar y quedó encinta de nuevo. Durante el segundo alumbramiento, los médicos decidieron ligarla.

—No me digas que los dos hijos de esa desdichada son Artemio y Lucio...

—Así es. Ambos se criaron en un orfanato. Algún sádico les explicó, con detalle, la forma en que fueron concebidos, así que crecieron con muchos complejos. Al llegar a la mayoría de edad, buscaron a su madre y la sacaron del manicomio. Lucio estudió psiquiatría, para ayudarla, aunque él mismo tenía serios problemas mentales. Trabajó como laboratorista en el mejor hospital del este de la ciudad durante muchos años, hasta que lo sorprendieron haciendo drogas empíricas para suministrarlas a los pacientes. Lo despidieron. Mientras tanto, Artemio, el hermano mayor, se dedicó a la delincuencia: narcotráfico, contrabando, comercio de infantes... Lo peor de todo es que ingresó a una secta vudú y fundó varias congregaciones. Como sus negocios ilícitos le daban buenos dividendos compró una vieja hacienda en la carretera a Puebla. Lucio le pidió asilo para instalar su laboratorio clandestino. Ahí fue donde yo los encontré. Experimentaban con niños. También guardaban un arsenal de armas.

Xavier escuchaba con la boca seca.

—Ya entiendo —razonó—. Cuando encerraron a Lucio yo fui a la hacienda. Tomé el hilo de la secta y le seguí la pista a sus adeptos. Artemio era el dirigente ¿verdad? Descubrí sus sitios de operación y desarmé a casi toda su banda, sólo que nunca lo atrapé a él.

—Porque se ocultó en el único lugar en el que jamás buscaste... Pero le hiciste mucho daño. Te conoce bien. Los Malagón han acumulado un gran resentimiento. Tienen la idea fija de destruirnos. A ti, a mí, a todo lo que se relacione con nosotros. Por eso acepté el desalojo del edificio DMF. Quería proteger a mis amigos. Desgraciadamente me olvidé de la caja fuerte... en mi mente había otras prioridades.

—¿Y no has considerado la posibilidad de que los hermanos criminales actúen en contubernio con los padres elitistas? Si pertenecen al mismo clan son mucho más peligrosos de lo que imaginamos.

—He pagado detectives para investigar eso y no tengo noticias de que ambos grupos se conozcan.

—Pues, por el bien de todos, Dios quiera que no trabajen juntos. Ángel, tengo que irme. Debo iniciar el proceso para defenderte. Me llevaré estos papeles. Regreso por la tarde.

—Cuídate, por favor.

El doliente volvió a cerrar los ojos.

Xavier salió de la habitación.

Encontró a varios padres del grupo piloto que habían acudido al hospital para darle ánimos a Ángel. Charlaban con Marlene. Uno de ellos, Fernando Suárez, también era abogado. Xavier le comentó lo que haría.

—¿Puedo acompañarte? —le preguntó Fernando—. Me gustaría ayudar en algo.

—Claro.

Salieron del hospital a toda prisa.

Xavier y Fernando fueron a la procuraduría. Se entrevistaron con delegados y subalternos, atendieron lo mejor posible la situación de

Ángel y lograron, después de muchas gestiones, que cambiaran la modalidad de detención para su amigo. Al salir del hospital no iría a la cárcel; permanecería recluido en un "arresto domiciliario". Se dirigían, satisfechos, a la salida, cuando recordaron que Ángel ya no tenía casa en la cual quedar arrestado. Regresaron con las autoridades y les notificaron el contrasentido de la nueva disposición. El magistrado sonrió un poco, Xavier calibró la paradoja y soltó una sonora carcajada. Entonces todos en el lugar comenzaron a reír. La tensión disminuyó. Fernando ofreció su propio domicilio para alojar a Ángel, en cuanto saliera del hospital.

Estaban corrigiendo los papeles cuando, de pronto, Xavier recordó a Roxana. Se golpeó en la frente con la mano abierta. ¡Había olvidado pasar por ella a la escuela! ¿Su trabajo lo absorbió a tal grado que borró de su mente el compromiso familiar? ¡La niña salía del colegio a las tres e iban a dar las seis!

Corrió a un teléfono público. Llamó a su madre. Escuchó el timbre varias veces. Al fin le contestó.

—¿Dónde andas, hijo? Te fuiste de madrugada y no te he visto en todo el día.

—Ocurrió una tragedia, luego te cuento. ¿Y Roxana?

—Tengo buenas noticias. Regresó por su propio pie.

Los pulmones se le llenaron con un aire de esperanza.

—Qué bueno.

—Sin embargo, parece que piensa volver a salir esta tarde a una de sus fiestas.

—Deténla. Procura que no vaya. Necesito verla. Dile que la invito a cenar. O a bailar. Lo que quiera, pero que me espere.

—¿Cuánto tardas en llegar?

—Media hora.

—De acuerdo.

Fue hacia el coche. Condujo a la casa de Fernando y le dio las gracias por haberlo acompañado. Después se dirigió al domicilio de su madre. Recordó el mechón verde y la arracada en la nariz de su hija. La idea de darle, por cobertura, un nuevo código de vida resultaba interesante, pero no muy práctica; en cambio, la idea de lograr

119

primero identidad era viable. Kelda le había explicado la diferencia entre ambas situaciones.

—Con la cobertura, los padres se convierten en autoridad, con la identidad se vuelven maestros de vida. En cierto restaurante vi cómo un niño trataba de explicar a su mamá por qué no se le apetecía determinado platillo, ella lo arremedaba y con sus burlas le impedía hablar obligándolo a comer lo que no quería. Había cobertura, mas no identidad.

—¿Podría decirse que cobertura sin identidad es autocracia?

—Exacto. Dice Anthony de Mello: "Puedes obligar a tus hijos a comer, pero no puedes obligarlos a sentir hambre; puedes obligar a tus hijos a acostarse, pero no puedes obligarlos a dormir; puedes obligar a tus hijos a que te elogien pero no puedes obligarlos a que sientan admiración por ti; puedes obligar a tus hijos a que te cuenten un secreto, pero no puedes obligarlos a que te tengan confianza; puedes obligar a tus hijos a que te sirvan, pero no puedes obligarlos a que te amen..."[4] El amor no se da por la fuerza. Florece cuando hay equilibrio entre identidad y cobertura. Dios es amor y su amor, como el de todo padre, converge en su cobertura (mandamientos, potestad, protección) y su identidad (comprensión, amistad, fidelidad). A quien nos cubre, con frecuencia le tememos por el castigo que puede aplicarnos si infringimos su código, a quien nos da identidad le tememos por razones muy diferentes: No podemos fallarle, no queremos decepcionarlo ni arriesgarnos a dañar nuestra bella relación.

Antes del tiempo pactado, llegó a la casa de su madre. Frente a la reja había un viejo coche deportivo, pintado con chillantes flamas anaranjadas. Por fortuna, Roxana no se había ido. La halló en el garaje charlando con un muchacho de pelos parados.

El joven se presentó y se despidió en un sólo acto.

—Te espero en el coche —le dijo a la adolescente.

Roxana encaró a Xavier. Aparentaba mayor edad de la que tenía, pero no lucía tan grotescamente maquillada como la semana anterior. Tampoco se había puesto el arete de la nariz.

—¿Estás bien?

Ella dijo que sí.

—Quisiera que habláramos sin enojarnos. Ayer nos gritamos. No debimos hacerlo.

—Te escucho.

—Hija, teníamos mucho tiempo de no vernos. Siempre pensé que seguirías siendo dulce y tierna. El otro día, cuando llegaste de tu fiesta, no te reconocí.

Roxana se recargó en la pared y arqueó la espalda en un gesto retador. Su mirada y su físico se habían transformado en cuatro años.

—¿Y?

—Estabas borracha.

—¿Has venido a avergonzarme? ¿Quieres que te pida perdón? ¿Sólo eso te interesa?

—No. He venido a charlar con la única persona que queda de mi familia, alguien a quien amo.

Lo miró con desconfianza.

—Mentiroso.

—Hija, ¡he estado buscando a tu hermanito! Por eso me alejé tanto tiempo.

—Cuatro años, cinco meses y doce días.

Xavier la miró perplejo. ¡Llevaba la cuenta exacta! ¿Qué significaba eso?

—Estoy aquí y no volveré a dejarte.

Los ojos de la joven brillaron con furia. Parecía querer abofetearlo. Iba a decir algo, pero calló.

—Ya eres una mujer. Podrás comprender...

—¡¿Podré comprender?! —explotó—. ¿Y antes no podía? ¿Crees que soy tarada? ¡Te llevaste a mi madre! ¡Te la llevaste! Y después, por tu culpa, murió.

—No fue por mi culpa.

—Sí, lo fue. Además, para no causarme tristezas, según tú, la enterraste en Chihuahua y me enviaste una tarjeta diciéndome que todo iba muy bien, pero que mamá estaba en el cielo y que me cuidaría como angelito. ¡Eso fue todo! ¿Te parece justo? ¿Y así quieres que te acepte? ¡Destruiste mi vida! ¡Eres un embustero, un cerdo, cretino!

—¡Basta! —gritó con todas sus fuerzas.

Roxana abrió desmesuradamente los ojos.

—¡Adelante! —le dijo—. ¿Quieres golpearme? Vamos, sólo eso te falta.

—No, no voy a pegarte. Nunca lo hice y jamás lo haré. Tienes razón en estar molesta. Hija, te entiendo, tienes razón, pero sigo siendo tu padre. He vuelto, así que debemos comenzar a comunicarnos con respeto.

—Por mí puedes irte por donde viniste. Eres un idiota. Ya no te necesito.

—A ver —reiteró—. *Respétame*. Reconozco mis errores y quiero enmendarlos pero no puedes llamarme idiota, cerdo, cretino, ni nada parecido. No voy a aceptar ese trato.

—¿A qué has vuelto, papá?

—A vivir contigo. Sé que has sufrido mucho, pero yo también he sufrido.

—¡Cómo no! —se burló.

Háblale de tus experiencias más crudas. Dile cosas que no confiarías a un niño. Así se dará cuenta de que la consideras madura.

—Roxana, cuando comenzamos a buscar a tu hermanito, descubrimos cosas terribles. Una secta que robaba niños y adolescentes, para usarlos en ceremonias sexuales. Los drogaban y les cortaban los dedos de la mano como parte de sus ritos. Encontramos a varios chicos muertos... tu mamá enloqueció. Ambos perdimos la razón, pero a ella le afectó más. Dejó de hablar, comer y dormir.

Roxana apretó los dientes con mucha fuerza.

—¿Por qué se suicidó? ¿Qué acaso no tenía otra hija por quién vivir?

Xavier percibió una leve chispa de conexión. ¡Ahora entendía el origen de tanta rebeldía!

—Tu madre no pensaba con claridad porque sufría demasiado.

Dio un paso hacia su hija. Ella se apartó. Ambos tenían el corazón en carne viva.

—Estoy segura que si a mí me hubiesen robado, mamá no habría enloquecido. ¡Lo sé! Se habría refugiado en el bebé que le quedaba para seguir viviendo.

—No digas tonterías. Ella te quería igual a ti que a tu hermano. Esos son celos infundados.

—¿Infundados? ¿Y por qué no está aquí? ¿Por qué acabas tú de llegar después de tantos años?

Se escuchó la marcha del coche horrísono afuera y un acelerón con el escape abierto, como si el mequetrefe de cabeza engomada hubiese decidido que se les había terminado el tiempo.

—Tengo una fiesta, papá. Ya me voy. ¡No se te ocurra exigirme o ponerme reglas!

Dio la vuelta dispuesta a salir.

—No vine a reprimirte —contestó él—. Sólo quería que supieras... que siento mucho haberte lastimado tanto.

Roxana se detuvo en la puerta y giró hacia él.

—Papá, ¡no tienes idea de cuánto me lastimaste!

Los ojos se le llenaron de lágrimas e inclinó la cabeza. Xavier caminó hacia ella. Recordó el viejo papel amarillento que traía en la cartera.

Me duele verlos tan preocupados. Yo también tengo miedo... pero sé que vamos a encontrar a Max. Los quiero mucho. Mi corazón está roto. Los amo. No lo olviden.

Le rodeó la espalda con un brazo. Roxana se soltó a llorar.

—Papá —dijo entre sollozos—. Estoy furiosa contigo. Cuando murió mamá, esperaba que vinieras a rescatarme. Después de todo, ya estabas solo. ¡Igual que yo! A veces llamabas por teléfono pero sonabas tan hipócrita y superficial... Me decías que pronto regresarías. Te esperé cada noche durante muchos, ¡muchos meses! Dibujaba en todos mis cuadernos nuestro símbolo de las equis entrelazadas. Me aprendí un texto anónimo y lo recitaba todos los días al levantarme: "Papá, soy una niña y no puedo entender lo que está pasando en mi vida. Me haces mucha falta, ¿por qué te fuiste? Cuando camino por la calle te busco entre la gente, rezo todos los días para que Dios me conceda la gracia de volver a verte. No hay nada más terrible que sentirse despreciado y abandonado. ¿Por qué me abandonaste? ¿Recuerdas cuando pasábamos juntos las Navidades? ¿Recuerdas cuando me contabas un cuento por las noches y me dabas un beso antes de

123

dormir? ¿Recuerdas cuando andabas a gatas y dejabas que me subiera a tu espalda? ¿A dónde se fue todo eso? ¿Por qué las cosas cambiaron tanto? Me pregunto si a veces me recuerdas y se despierta en ti algún sentimiento de afecto. No sé dónde estás, pero le pido a Dios que te bendiga y te dé la felicidad que yo no tengo." Un día me cansé de recitar y empecé a odiarte. Para ti han sido cuatro años; para mí fue toda una vida...

Xavier no pudo hablar; se sentía como un traidor. La niña tenía razón. Kelda se lo dijo con otras palabras:

Los niños crecen muy rápido. Un pequeño de tres años, aprende y madura en un mes el equivalente a lo que un adulto de cuarenta años aprende y madura en un año. Así, cuando el padre se aleja quince días, su hijo adquiere experiencias formativas equivalentes a seis meses. Con la diferencia de tiempos relativos, si los padres no están presentes cada día, propiciando identidad y comunicación real, es muy fácil que, al cabo de unos años se haya abierto un terrible abismo generacional.

El muchacho de afuera aceleró el motor de su coche otra vez. Xavier sintió como le hervía la sangre. Si hubiera proporcionado cobertura a su hija en los últimos años, en ese momento Roxana no estaría del otro lado del "abismo generacional" y él podría protegerla de ese engendro de pelos parados.

—Ya me voy —dijo la niña soltándose de su abrazo.

Sintió el impulso de pedirle que no fuera, o al menos de sugerirle que no tomara alcohol, pero sólo atinó a decir:

—Llega temprano. Te estaré esperando.

Ella salió corriendo para subirse a la sonora carcacha.

Él la vio alejarse a toda velocidad por la calle.

---

[1] Salmo 34,7

[2] Salmo 37, 39-40 y Salmo 31, 19-20

[3] La doctrina cristiana especifica que los hombres sólo somos criaturas de Dios, pero que Él adopta como hijos a quienes aceptan a Jesucristo como Señor y Salvador. (Romanos 8,15-16; Gálatas 4,4-7; Efésios 14-5)

[4] Anthony de Mello. *Un minuto para el absurdo.* Editorial Sal Terrae. España. 1993.

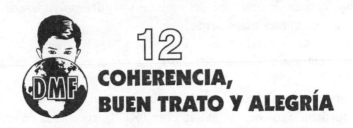

12
COHERENCIA, BUEN TRATO Y ALEGRÍA

A las nueve de la noche regresó al hospital de quemaduras.

Halló a Fabiola y a su esposo en la sala de espera.

—¿Qué novedades hay? —preguntó.

—Los enfermos mejoran. ¿Cómo te fue a ti?

—Mas o menos. Cuando den de alta a Ángel irá, por un tiempo, a la casa de Fernando y Lucy Suárez en "arresto domiciliario". Fue lo mejor que logramos. Resulta desagradable, pero menos que la cárcel. Y ustedes, ¿recuperaron el material?

Fabiola tardó en responder. Apretó los labios.

—No.

—¿Qué pasó?

—El edificio estaba cerrado. Abrí con mis llaves. Se disparó la alarma. Tratamos de desactivarla, pero no pudimos. Cambiaron el código. Increíble, ¿verdad? Para hacerlo necesitaban saber la clave anterior.

—Alguno de nuestros vigilantes nos traicionó.

—Así es. Llegó la policía; después los Durán. Trataron de intimidarnos, pero Kelda y yo fingimos ignorancia. "Es nuestro edificio de trabajo", les dijimos, "vinimos a recoger algunas cosas". Nos contestaron: "Este sitio y todo lo que hay adentro ha pasado a ser propiedad de otras personas; así que retírense; no tienen nada que hacer aquí."

—¿Ya lo sabe Marlene?

—Sí. Sugirió que cambiáramos de estrategia. A Kelda se le ocurrió una idea. Verás. Hay varias parejas de padres, como los Suárez, que inscribieron a sus hijos en el grupo piloto; personas buenas, cooperativas, que acaban de enterarse del embargo y quieren ayudarnos a recuperar los manuales del sistema.

—¿Y cuál es el plan?

—Ya te enterarás. Hemos decidido rescatar el material a como dé lugar.

Xavier asintió, estoico. Ya nada podía sorprenderlo.

A la mañana siguiente presenció cómo Kelda, recostada en un sofá de maquillaje, se dejaba disfrazar por Susana Salas, una experta en cosmetología, perteneciente al grupo de los padres deseosos de ayudar.

—Si te sorprenden robando todo empeorará —articuló Xavier por lo bajo, como la desagradable voz de una conciencia—. ¿Para qué te arriesgas? Tenemos el instructivo de padres, ¿no te sirve para rehacer el sistema?

—Xavier, no sabes lo que dices. Ese manual sólo tiene los tópicos para aplicar en casa. Yo voy en busca de los procedimientos técnicos y la pedagogía especializada para instaurar una escuela. Es algo muy distinto. Vale la pena arriesgarse.

Cuando enderezaron el sillón, se quedó asombrado ante la perfección y sencillez del disfraz. Su cabello había cambiado de color; el vestido holgado y las lonjas postizas la daban un aspecto obeso. Se acercó a Kelda y le picó la falsa cintura con un dedo.

—Al menos ahora, quien desee casarse contigo sabrá a qué atenerse.

—Quita tus sucias manos de mi cuerpo —dijo dándole un manazo.

Todos rieron.

Cuatro automóviles se dirigieron en procesión al edificio. En el camino, la directora repasó el plan con Kelda:

—Entrarán nueve personas; cuatro mujeres y cinco varones. A excepción tuya, todos son padres de familia inscritos, activos en la capacitación previa, apasionados del proyecto escolar y enfadados por su anulación. Ellos harán un escándalo para que, mientras tanto, tú recuperes el contenido de la caja fuerte. Recuerda que, en el tercer piso del edificio, hay una aula cuya ventana da a la azotea contigua. Cuando tengas el material, sácalo por allí. Ya hablamos con los vecinos. Les dijimos que estábamos dibujando una perspectiva del edificio para remodelar la fachada. Nos dieron permiso de subir a su terraza. Alguno de nosotros estará esperándote. Si hay problemas también puedes huir por esa ventana. Pase lo que pase, nos veremos a las ocho de la noche en casa de Fabiola.

Kelda aprobó el plan con la mirada fija. Respiraba agitadamente.

Llegaron al lugar. Marlene le entregó un juego de llaves y una enorme bolsa de manta como las que usan los estudiantes de diseño para llevar sus planos. A Xavier le incomodaba que fuera precisamente ella quien se estuviera exponiendo. Se lo hizo saber.

—Tranquilízate —le contestó—. Sólo te encargo que alguien esté atento para recibir la bolsa. Debemos coordinarnos bien.

El equipo se reunió frente a la puerta y llamaron. Casi de inmediato el nuevo guardia les abrió. Fernando Suárez habló en representación de los demás:

—Estamos inscritos en esta escuela. Nos dijeron que se había cerrado. Queremos hablar con los directivos. Exigimos una explicación.

Los dejaron pasar. Xavier no escuchó más. Con una tabla en la mano, para fingirse dibujante de fachadas, entró en el local de los vecinos y pidió permiso de subir a la azotea. No hubo problemas.

Ya arriba, caminó de un lado a otro con nerviosismo. Vislumbró la ventana por la que Kelda le pasaría el material. Estaba a un metro y medio sobre su nivel. Sacó un lápiz fingiendo dibujar el contorno del inmueble. La noche anterior, cuando regresó del hospital, Roxana había vuelto de la fiesta. Recordó que su madre estaba contenta porque la niña no tomó alcohol.

—¿Sabes? —le dijo ella—. Yo supe educarte a ti y a tu hermana, pero la nueva generación es distinta.

Estuvieron charlando largamente al respecto. Estudiaron el manual para padres y leyeron que un "maestro de vida" debe hacer énfasis en tres aspectos. Reconstruyó algunas de las frases.

Coherencia

Un líder sin credibilidad es un simple jefe.

Hoy en día hay terrible escasez de líderes verdaderos.

¿Quieres ser un guía confiable? ¡Define tus proyectos máximos, coméntalos a tus familiares y vive en función de ellos! Sé coherente siempre, no digas algo que no puedes respaldar con hechos y no hagas nada en contra de cuanto has dicho. Si te comportas diferente a como piensas, acabarás pensando como te comportas.

Cuando un adulto tiene principios gobernantes equivocados o simplemente no tiene, es rechazado por sus hijos como maestro de vida.

Levantó la vista. No había señales de Kelda. Era demasiado pronto. Recordó las palabras del manual y revivió en su mente el segundo aspecto a enfatizar:

Buen trato

Cierta psicóloga ordenaba libros y papeles mientras su hijo de cuatro años le contaba, con todo detalle, cómo le había ido en la escuela. Ella no le hacía mucho caso. De pronto, el niño la agarró por las orejas y le dijo: "¡mamá, quiero que me oigas con los ojos...!"

La identidad es producto *no* de los hechos sino de la forma en que se dan esos hechos. Podemos explicar cuanto sabemos o sentimos de muchas maneras: rápido, con impaciencia, con hastío, haciendo sentir bobo o ignorante a nuestro interlocutor o, por el contrario, despacio, con entusiasmo y dando a entender al oyente la alegría y el privilegio que nos representa poder explicarle.

Un padre impaciente podrá ser jefe, capataz o verdugo, pero nunca líder vital. El cariño o la antipatía se adivinan no por lo que se dice sino por el tono que se usa en el decir.

En identidad, el trato es paciente, amable, grato; la comunicación fluye desde dentro en forma clara; las personas aprenden a leer sus miradas y sus gestos, a adivinar sus estados de ánimo y a establecer claves exclusivas que sólo ellos comprenden. Tienen actitudes de amor incondicional, inesperadas, gratuitas, sin referencia a errores o aciertos, repetidas en forma continua pero no rutinaria.

Hay padres irresponsables que justifican su ausencia diciendo que dan tiempo de calidad a sus hijos, pero es mentira. Una charla, para considerarse de calidad, debe cumplir con ciertos requisitos: a solas, sin distractores, viéndose a los ojos, como amigos íntimos, compartiendo inquietudes y sentimientos, riendo, abrazándose y diciéndose abiertamente cuánto se aman y necesitan.

En un experimento, se grabaron durante varios días las actividades de todos los niños de una escuela. Los padres aseguraban brindar una hora diaria de calidad a sus hijos, pero las evidencias reflejaron otro panorama: Los niños, recibían un trato paciente, a solas, de comunicación profunda, compartiendo sentimientos, risas y demostraciones de afecto, únicamente, en promedio, durante veintinueve punto cinco *segundos* al día[1]. ¿Qué puede enseñar un padre a su hijo en ese tiempo? ¿Qué clase de maestro vital puede ser?

Xavier comprendió que necesitaba esforzarse para demostrar coherencia y buen trato con Roxana.

Consultó su reloj. Kelda y los padres tenían quince minutos adentro del edificio. ¿Cómo les estaría yendo?

Vislumbró una vieja escalera de madera, recostada junto a los tinacos. Fue por ella. Los largueros estaban podridos por la humedad. La alzó temiendo que se desarmara y la apoyó contra la pared. Subió con mucha lentitud, oyendo cómo crujía cada peldaño. El cancel corredizo estaba abierto. Asomó la cabeza al interior. ¡Qué tristeza actuar como espía en el mismo sitio donde días antes se sintió tan a gusto!

Analizó el ambiente. Todavía no se reanudaban las actividades de albañiles o plomeros, así que el inmueble lucía bastante lóbrego. Se sentó en el marco de la ventana para evitar que la apolillada escalera se rompiera. De pronto se dio cuenta que en esa posición estaba descaradamente visible. Saltó al interior del edificio y, agazapado, caminó hacia la baranda.

En el centro del patio se había desatado, tal y como estaba planeado, un verdadero escándalo. Los padres protestaban a gritos.

—¡No nos iremos hasta que nos den una respuesta!

—¡Tendrán que explicarnos lo que van a hacer con nosotros!

—¡Nos inscribimos en esta escuela y están obligados a respetar el contrato!

Flor Camacho trataba de explicar la nueva situación. A Xavier le alegró verla en ese dilema. Hacía unas semanas, era ella quien criticaba de manera intransigente a las antiguas directoras.

—¡Lo siento! El proyecto de la escuela para desarrollar el alto potencial de los niños se ha cancelado. Ni siquiera podemos devolverles el dinero de su inscripción. Deberán buscar a los antiguos dueños.

—¡No queremos el dinero!

—¡Queremos la escuela!

—¡Si la cancelan tendrán serios problemas!

—¡Nos hemos capacitado durante varios meses! ¿Cómo nos pagarán el tiempo desperdiciado?

—¡Exigimos nuestros derechos!

Flor levantó la mano para calmar ese alboroto.

—¡Momento! —exclamó—. ¡Déjenme hablar! Yo no tengo la culpa de lo que sucedió. Los anteriores directores construyeron castillos en el aire. Carecían de capital. Todo era prestado.

—¡Nosotros queremos que se abra la escuela!

—De acuerdo, de acuerdo. Aquí tendremos un colegio similar. Pueden llenar una solicitud de inscripción —guiñó un ojo de manera ridícula—. Les prometo ayudarlos a ingresar.

—¡Nosotros ya estamos inscritos! ¡No podemos aceptar eso!

Rivera se unió a Flor. Sus aspavientos amanerados se acentuaron por la tensión nerviosa.

—Mi compañera sólo trata de dar opciones.

—¿Qué van a hacer? ¿Qué pasará con esta escuela?

—No habrá inscripciones para todo público, será un círculo privado —levantó los brazos de forma teatral, su camisa de seda color rosa se le abrió un poco mostrando una enorme cadena de oro—. ¡Un centro para auténticos triunfadores universales! ¡Controladores del cosmos! ¡Campeones, genios, caudillos! Un club con muchas actividades. Ustedes saben —movió la cadera con suavidad—, "en el límite superior". Los padres haremos actividades sociales selectas para conocernos entre nosotros. ¿Se imaginan? Estando juntas tantas personas importantes, ¡no habrá ninguna estrella que no podamos alcanzar!

Los reclamantes guardaron silencio asombrados por la frivolidad del marica. ¿Se trataba de una broma? Era como si hubiesen estado luchando por adquirir la pintura extraordinaria de un artista y, de pronto, se encontraran con un imitador presuntuoso que quería enjaretarles una grotesca caricatura de la obra.

—¿Y cómo ingresarán los niños aquí? —preguntó Susana.

—Por invitación. Flor ya dijo que, si se portan bien —levantó la mano derecha—, nosotros los ayudaremos a entrar.

Xavier, detrás de su parapeto, no pudo evitar sonreír. Sin duda a los nuevos dueños les preocupaba más su imagen social que la educación sobresaliente; querían ostentar el logotipo DMF para fanfarronear. Recordó el texto del manual:

Los de mentalidad pobre simulan ser más ricos que todos, presumen su estatus, tratan con displicencia a los menos favorecidos y actúan con ínfulas de grandeza.

Por otra parte, descubrir la futilidad de la pareja lo tranquilizó. Con esa mente insubstancial no pudieron provocar el incendio, el atropellamiento o el robo a mano armada. Aquello fue producto de cerebros más perversos y deformes... como el de los Malagón. Tampoco era dable suponer que ambos grupos —"los frívolos elitistas" y "los criminales"—, actuaran en contubernio pues de haber sido así, hubieran planeado hacer un internado o un campamento de experimentación.

Los padres comenzaron a gritar de nuevo, esta vez con más fuerza. Rivera levantó la vista angustiado. Xavier tuvo la sensación de haber sido descubierto. Regresó a la ventana, evitó pisar la escalera agusanada, saltó hacia la casa de los vecinos y se ocultó detrás de los tinacos. No ocurrió nada. Esperaba que a Kelda le estuviera yendo bien en su intento por recuperar los documentos. Aguardó. Su cabeza burbujeaba con nociones de educación sobresaliente, contraespionaje y métodos para reconquistar a hijos heridos.

Recordó el tercer punto que debía enfatizar y se preguntó cómo luciría el tema en un filme de capacitación. Cerró los ojos e imaginó la película, basada en el texto que había leído la noche anterior.

Alegría en el presente

Un alpinista escala las cumbres más abruptas, hay sudor en su frente y determinación en su mirada. Llega a la cima, encaja una bandera entre las rocas y levanta los brazos. Observa el paisaje montañoso y un horizonte que provoca vértigo. Después fija su vista en los riscos bajos y un destello de luz se refleja en sus pupilas.

El locutor asegura:

Los alpinistas tienen dos pasiones. La primera, llegar a la cima; la segunda, bajar. Arriesgan la vida no sólo por el momento maravilloso de conquistar la cumbre, sino también por el placer de recorrer el camino de ida y vuelta. Un verdadero triunfador disfruta la victoria con la misma intensidad que el proceso para conseguirla. No se obsesiona con los resultados. Se concentra en su esfuerzo y en la alegría de entregarse al "*hoy*".

La vida es hermosa no por las metas logradas sino por el deleite de luchar por ellas. Hay gente que odia los días laborales y únicamente disfruta los de asueto; sus hijos, por lógica, aprenden a detestar el estudio, abominan las tareas, les repugnan las clases y sólo piensan en el recreo. Dividen su vida en dos: largos, odiosos periodos de trabajo e insípidos, breves momentos de descanso. El buen maestro de vida transmite este mensaje: Disfruta el momento, aprende de las crisis y enfrenta con alegría los problemas.

Los alcohólicos anónimos tienen éxito porque borran de su mente el pasado y el futuro. Se plantean metas por veinticuatro horas. "Sólo por hoy" son abstemios, sanos y equilibrados. Al día siguiente se comprometen otra vez con el "sólo por hoy". Viven el presente.

Hay quienes piensan toda la vida en jubilarse, cuentan los días que faltan y no gozan su labor. Cuando al fin alcanzan la jubilación, se llenan de tristeza pues añoran los días en que trabajaban y eran útiles a otros.

Quien no aprecia con intensidad el "hoy", no vive, sólo tiene recuerdos y preocupaciones; es un muerto ambulante. Los hospitales psiquiátricos están llenos de personas paralizadas por culpas del pasado o por temores del futuro.

Un maestro de vida deja a los niños gozar. No se asusta cuando los ve ensuciarse con lodo o agua. No se obsesiona con la limpieza ni con la salud. Cuando es hora de divertirse se une al deleite de sus juegos; cuando es hora de hacer la tarea, pone música, cronómetro y los ayuda a emprender con entusiasmo el reto. Nunca deja de estar alegre.

La vida de un niño –e incluso la de un adulto–, no tiene sentido si es infeliz. El pequeño debe aprender en el límite superior y formar su carácter pero sin dejar jamás de disfrutar intensamente su niñez. Si es domingo, disfrutar; si es lunes, disfrutar; reírse de las caídas, silbar y cantar mientras atraviesa por contratiempos. En tres palabras: Siempre estar contento.

De pronto percibió que alguien se movía en la ventana del edificio.

Vio a Kelda asomándose. Parecía que hubiese peleado cuerpo a cuerpo con un oso: Traía la peluca ladeada, estaba agitada y sudaba. Desapareció dos segundos y volvió a asomarse poniendo su bolsa de manta sobre el marco de la ventana.

—Te la voy a pasar. Sujétala con fuerza.

Xavier tomó el saco. Varios legajos cayeron a un lado. Se apresuró a recogerlos, pero no le dio tiempo de ayudar a su compañera. Kelda saltó sin mirar siquiera la escalera vieja que estaba apoyada en la pared.

—¡Vámonos, rápido! ¡Xavier, me descubrieron! ¡Corre!

Obedeció torpemente cargando la pesada bolsa. Bajaron y llegaron a la calle. No se despidieron de los vecinos. Subieron al coche.

Justo en ese momento salieron del edificio varios sujetos. Ella se agachó en el asiento.

—Vámonos de aquí.

El coche avanzó.

Kelda permaneció escondida varios minutos, luego estiró el cuello para comprobar que nadie los seguía. Volvió a acomodarse, caviló unos segundos y comenzó a reír.

—Lo logramos. ¡Lo logramos! ¡Dios mío, gracias! Lo logramos su risa se fue transformando en llanto—. No vas a creer dónde encontré nuestro material, no lo vas a creer. ¡Son unos cretinos!

133

¡Ignoran por completo lo que vale! Pero lo encontré. ¡Gracias a Dios lo encontré!

—Tranquilízate. Explícame con calma. ¿Qué pasó?

Tomó aire y se limpió la cara.

—Los padres hicieron un buen trabajo. Provocaron un alboroto descomunal. Yo me separé de ellos desde que entramos. Caminé hacia la zona de cubículos, pero todos estaban cerrados. Saqué las llaves y abrí mi sala de investigación. Entré despacio y encendí la luz. Casi al momento apareció un hombre detrás de los estantes. "¿Se le ofrece algo?", me dijo. "No", le contesté, "disculpe, me equivoqué de aula". Apagué la luz y volví a cerrar. Caminé hacia los baños para esconderme. ¡Me sentía nerviosa, Xavier, muy nerviosa! Había despertado sospechas por abrir esa habitación con unas llaves que nadie debía de tener. En los baños me acomodé la peluca y el vestido. Recordé nuestra filosofía y eso me ayudó: "Para triunfar en la vida es más importante el carácter que la sabiduría." Hice una programación mental. "Si me cruzo con alguien le devolveré la mirada impávida; debo ser desenvuelta, fuerte, valiente, analítica..." Salí de los baños. Oí un griterío. Los padres discutían de forma escandalosa con una pareja. Fui a la dirección en busca de la caja fuerte, pero había una nueva recepcionista en la entrada y gente dentro de la oficina. Me oculté detrás de un pilar. El alboroto del patio era cada vez más fuerte. Los Durán, que estaban en la dirección, salieron a controlar a los inconformes. La recepcionista los siguió. Entonces aproveché la oportunidad. Entré al despacho y me dirigí al fondo. Noté que el ambiente había cambiado un poco, había nuevos adornos, cuadros y figurillas. Las manos me temblaban. Abrí el armario y descubrí la caja fuerte. Marqué los números de la combinación y traté de abrir. El pestillo chocó en seco. ¡Habían cambiado la clave!

—¡Eso no puede ser! —dijo Xavier—. La alarma del edificio se modifica tecleando ciertos números; pero, ¿la caja fuerte? ¡Se necesitan técnicos especializados para cambiar esa combinación!

—¡Déjame terminar! Lo que pasó fue que, en mi nerviosismo, equivoqué la clave. Escuché pasos en el exterior. La secretaria había vuelto. Quise salir, pero ya era tarde. Estaba atrapada. Puse la notación con más cuidado. El cuero cabelludo, debajo de la peluca, me escocía. Accioné la palanca y el pasador se destrabó. Entonces preparé la bolsa, abrí la puerta y me quedé fría al contemplar el interior. Xavier, no vas a creerlo, ¡el material del sistema no estaba ahí! ¡En la caja fuerte había joyas! Los nuevos propietarios sacaron nuestros valiosísimos apuntes para meter unas mugrientas alhajas. Inspeccioné el lugar. Los ruidos del exterior aumentaron. Alguien estaba a punto de entrar. Vi la puerta lateral de la sala de juntas y caminé hacia ella. No había gente dentro. En un rincón amontonaban papeles como destinados a la basura y... ¡Ahí se encontraban las videocintas del sistema DMF y los manuales técnicos! ¡Entre los desechos de oficinas recién escombradas! No lo pensé dos veces. Me puse en cuclillas y comencé a guardar los documentos en el saco. Antes de terminar escuché gritos de alarma: "¡La caja fuerte está abierta! ¡Nos han robado!" Guardé el último video y salí a la recepción. La secretaria me detuvo: "¿Quién es usted? ¿Qué hacía dentro?" La empujé y corrí. Escuché el timbre que llamaba al personal de seguridad. Subí las escaleras. Los guardias aparecieron en el patio. Se armó un nuevo griterío. Escuché los pasos de alguien subiendo a toda prisa tras de mí. Al fin llegué a la ventana. Me asomé y te vi.

Xavier estacionó el coche frente a la casa de Kelda.

—Te felicito —comentó—, pero algo me preocupa. Dejaste la caja fuerte abierta y saliste con una bolsa llena de material. La secretaria te vio. Les será fácil deducir que entraste al edificio con el contingente de padres... ¡Y ellos aún están dentro!

—¿Corren algún peligro?

—Si llega la policía los detendrán para interrogarlos. A menos que abandonen ese lugar cuanto antes.

Kelda apretó los dientes mortificada.

—Ojalá logren salir sin problemas.

Xavier ayudó a su compañera a bajar el material.

—Nos vemos, como está acordado, a las ocho de la noche en casa de Fabiola.

—Nos vemos.

Condujo hasta el colegio de Roxana, esta vez a la hora correcta. Deseaba pasar por su hija para darle una sorpresa. Ignoraba que la sorpresa se la llevaría él.

[1] James Dobson. *¿Dónde está papá?* Enfoque a la familia. Video. Estados Unidos. 1993.

13
LOS PRINCIPIOS GOBERNANTES

El tránsito de la avenida se hacía insoportable por la salida de los alumnos. Cientos de niños pululaban por la banqueta. Los automovilistas tocaban el claxon estacionándose en doble fila mientras esperaban que sus hijos compraran frituras con chile, en un carrito ambulante.

Disfrutó la sensación de ser un padre común y corriente, llegando a recoger a su hija a una escuela común y corriente. Cuando distinguió a Roxana, su entusiasmo se esfumó. Estaba sentada en las piernas de un chico y lo besaba. Se detuvo, vacilante. ¿Debía regresar por donde vino, dejando a su hija vivir su vida, o interrumpir el idilio público y llevársela con él? Pero... dar espectáculos amorosos en plena calle no era "vivir", ¡y ella tenía apenas trece años! Se decidió. Caminó hacia la pareja y se paró frente a ella.

Roxana brincó de las piernas del muchacho.

—Hola papá, ¿qué te trae por aquí?

—Vine a recogerte. Ya no tendrás que andar sola.

Ella asintió recuperándose poco a poco del susto.

—Nunca ando sola. Poncho me lleva a la casa.

—Y también a las fiestas, ¿verdad? —se dirigió al muchacho de cabello grasiento, dueño de la carcacha ruidosa. Le calculó unos veinte años.

—¿Estudias en esta secundaria?

—No. Trabajo.

El tipo tenía toda la apariencia de un vago.

—Pues ya no será necesario que lleves a mi hija a la casa. Yo vendré por ella.

Roxana lo miró con enfado. Quizá se estaba apresurando demasiado en imponer cobertura sobre ella, sin embargo, ansiaba dejar de sentirse un apocado advenedizo y volver a ser su padre.

Tomó la mochila que estaba tirada en el suelo y la cargó.

—Vámonos.

Roxana lo siguió.

Apenas habían caminado unos metros, ella se detuvo.

—¿Qué pasa?

—No quiero irme contigo.

—Hija, tal vez no entiendas por qué vine por ti, ni por qué te separé de ese muchacho, pero, aunque no lo entiendas, *confía en mí*. Es lo único que te pido.

—Tú sólo quieres fastidiarme. Te gustaría que no fuera a fiestas, que no tuviera novio y me vistiera de forma más decente. Lo sé. Pues oye esto: no puedes cambiarme. Yo soy rebelde, moderna, alocada.

Al escuchar las frases ridículas e impensadas de su hija, Xavier comprendió la situación. Roxana pedía a gritos la presencia de un padre.

—¿Quién te lo dijo? —preguntó—. Tú no "eres" nada de eso. De hecho, te recomiendo que no uses el verbo "ser" tan a la ligera, porque esa palabra te define.

—¿Cómo?

—Hija, he aprendido mucho en los últimos días. Una cosa es lo que "hacemos" y otra muy distinta lo que "somos". Tal vez tú barras la calle, pero no "eres" barrendera; quizá cocines un pastel, pero no "eres" cocinera; puedas usar un arete, pero no "eres" rebelde o alocada. Debes encontrar lo que realmente "eres" y defenderlo. Serán tus "principios gobernantes". Cuando los encuentres, tu vida comenzará a girar en torno a ellos.

Roxana se quedó callada sin captar el mensaje pero esforzándose por comprender. Él aprovechó la situación para ofrecerse como guía.

—Cuando alguien descubre sus principios gobernantes —continuó—, se alinea a ellos. Por ejemplo. Quien de corazón dice "soy profesor" se prepara a diario, perfecciona sus técnicas de enseñanza y busca en forma continua buenos ejemplos que dar a sus alumnos.

Quien afirma "soy escritor" colecciona ideas y escribe párrafos a cualquier hora del día o de la noche. Quien sinceramente dice "soy cristiano", procura cada momento de su vida agradar a Dios. Debemos precisar lo que "somos" y comprometernos con ello.

—¿Tú ya lo hiciste?

—Hija, en los últimos años actué de forma visceral, dejándome llevar por emociones y circunstancias, así perdí el control de mi vida. Ahora he identificado mis principios gobernantes y las cosas han cambiado. ¿Sabes cuál es mi principal principio? Que "soy" padre de Roxana Félix Favela. ¿Me entiendes? Eso significa que todas mis actividades se subordinan a ello. Trabajo duro, para darte buen ejemplo, aprendo tópicos de educación sobresaliente para ayudarte a triunfar, procuro ser íntegro y honesto, aunque tú no me veas, sólo porque soy tu papá y ese principio gobierna mi vida.

La adolescente había entendido. Asintió. Si ella creía "ser" una rebelde alocada, sus actos concordarían con esa definición. Si en cambio decidía "ser" una joven inteligente y decorosa, muchas de sus actitudes mejorarían.

Volvieron a caminar hacia el coche.

De pronto, la voz de un hombre llamó a la chica con potencia.

—¡Roxana! Poncho quiere saber si puede pasar por ti esta noche.

A Xavier le extrañó que el tal Poncho enviara a un mensajero, pero sobre todo le extrañó que se tratara de un hombre ya maduro, mal encarado, de abundante cabello rojo, rizado al estilo afroantillano.

—No —contestó Roxana—, hoy no voy salir.

El desconocido miró a la joven y después al padre. Sus ojos relumbraron. Sonrió con sarcasmo y se volvió. Xavier estaba asustado. Había visto a ese tipo en algún lado, antes. Hizo un esfuerzo por ubicarlo pero fue inútil.

—¿Quién es ese hombre? —le preguntó a Roxana.

—Un amigo de Poncho. A veces está en las fiestas.

—Un ami... ¡pero debe tener cuarenta años!

Ella se encogió de hombros. Llegaron al coche. De pronto, tuvo la certeza de conocer al pelirrojo... y de que no era precisamente un hombre de bien.

Le abrió la portezuela a su hija. Casi no habló durante el trayecto a su casa. Le atormentaba la aparición de ese fulano. Tomó uno de los casetes que Marlene Cervantes le había prestado y lo adelantó hasta encontrar el fragmento que deseaba que Roxana escuchara.

El pensamiento global nos lleva a clasificar y generalizar a los demás. Si vemos a alguien discutiendo, lo etiquetamos como el eterno pendenciero, si sabemos que un compañero copió en el examen, lo adjetivamos como el tramposo. Hacemos eso con los demás y ellos lo hacen con nosotros. Un sólo error nos puede ocasionar el tatuaje negativo. ¿No lo crees? Piensa en tus compañeros de trabajo o de escuela. ¿Podrías señalar al más grosero? ¿Y qué me dices del chismoso, del lujurioso, del perezoso, del soberbio, del lambiscón, del distraído? ¿Los identificas? ¡Por supuesto! Pues te aseguro que muchos no merecen los adjetivos que les han puesto. No obstante, se equivocaron una vez y la gente los reprobó para siempre. Lo peor de todo es que ellos mismos lo creyeron y comenzaron a reforzar el calificativo con más y más actitudes afines.

Esa noche, en la casa de Fabiola Badillo el ambiente era festivo. Había música, refrescos y botanas. Faltaban Kelda, Marlene y Eduardo. De entre los asistentes, Xavier era el único circunspecto. Unas horas antes había ido a los archivos de la policía para buscar entre las fotografías de delincuentes al pelirrojo que conocía a su hija; no lo halló, pero su mente lo había vinculado, de manera definitiva, con gente vil.

—Nunca creí que nos saliéramos con la nuestra —comentó, sonriendo, Lucy Suárez.

—Les armamos un verdadero alboroto —apuntó Susana—. Creo, incluso, que exageramos un poco. Discutimos, gritamos, nos acaloramos tanto que, gracias a ello, Kelda pudo entrar a la dirección sin problemas.

—Yo me divertí mucho —admitió Lucy—. ¿Vieron la cara del hombrecillo amanerado cuando la secretaria gritó que les habían robado sus alhajas? Creí que se iba a desmayar.

140

Xavier hizo un esfuerzo y trató de integrarse al grupo. Preguntó:

—¿Qué pasó después de que Kelda salió con la bolsa llena?

Fernando Suárez tomó la palabra.

—La persiguieron. Flor Camacho no sabía qué estaba pasando. Nos suplicó que volviéramos otro día, pero nos negamos. Le exigimos que al menos se comprometieran a devolvernos el dinero de nuestras inscripciones y ella accedió con tal de que nos fuéramos.

—¿Nadie sospechó de ustedes? —cuestionó el abogado.

—De momento no, pero el hombre canoso llamado Durán nos observó con desconfianza al salir. A estas alturas tal vez ya infirieron lo que pasó.

—¡Qué más da! —opinó Xavier—. ¡Se quedarán con su edificio, sus joyas y sus pretensiones de controlar el cosmos! Son unos presumidos sin cerebro. Ni podrían manejar nuestros manuales ni sabrían entenderlos.

La anfitriona, Fabiola Badillo, no parecía tan segura.

—Espera. ¿Ya no te acuerdas que Flor Camacho dijo alguna vez que iban a invitar al presidente y a las personas prominentes del país a participar en el colegio? Tienen ansia de poder. Saben que el proyecto DMF puede cambiar el estilo de educación en las nuevas generaciones de líderes y eso les interesa. Si no fuera así, ¿qué los motivó a quitarnos todo?

—Sus delirios de grandeza —supuso Xavier—. Dejémoslos delirar. Adivinarán que fuimos nosotros quienes entramos por los manuales; pero, como carecen de pruebas, no podrán reclamarnos nada, así que ya inventarán otra cosa para formar un club con la crema y nata de la sociedad.

Fernando levantó su vaso de refresco.

—Brindemos porque ellos logren sus propósitos, nosotros los nuestros y que nunca nos volvamos a cruzar.

Todos alzaron sus vasos y los hicieron chocar entre sí. Fabiola, no muy convencida, realizó el movimiento a medias. Bajó un poco el volumen del tocadiscos e insistió interrumpiendo glosas y risas:

—¿Y si sacaron de la caja fuerte los manuales técnicos para copiarlos? Yo tengo miedo de que tales personas usen nuestros métodos

141

pedagógicos para adiestrar a una hueste de eruditos sin escrúpulos. Los delirios de esos sujetos se parecen mucho a los que tuvieron los creadores del fascismo. Marlene lo mencionó, ¿ya no te acuerdas?

—Sí —respondió Xavier—. Antes, eso también me preocupaba; ahora ya no. Aunque tengan las computadoras robadas o se hayan quedado con copia de todo, cosa que dudo, debemos estar tranquilos. Nuestro método no "lava cerebros" ni crea guerras; sirve para desarrollar el alto potencial de los niños en un marco de respaldo familiar. La coherencia entre maestros e ideología es vertebral aquí. Si quieren aplicarlo, lo destruirán. Eso es todo lo que harán. Además, la mejor empresa, con los mejores manuales de operación se convierte en basura si la administra gente inepta. Una escuela no está conformada por programas de estudio o instalaciones, sino por personas. Aunque tengan los métodos educativos más extraordinarios, maestros malos, padres malos y alumnos malos, sólo producirán mediocridad.

—Suena lógico —estimó Fernando Suárez—. De hecho es ése el tercer programa del sistema: "Creación de obras geniales". Los malvados, incapaces de obrar con bondad, siempre acaban destruyendo los grandes proyectos.

Después de un breve silencio, Xavier confesó que, aunque como abogado estaba enterado de los pormenores de la empresa, como padre apenas comenzaba a aprender los rudimentos. Dijo conocer los dos primeros programas, "educación en el límite superior" y "formación del carácter íntegro", pero ignorar todo respecto al tercero, "creación de obras geniales". Le sorprendió la forma en que, de repente, sus amigos empezaron a arrebatarse la palabra para explicarle ese aspecto de la educación sobresaliente. Fernando incluso dibujó esquemas improvisados sobre una servilleta, que después le regaló; así constató que, en efecto, eran padres apasionados y comprometidos con el proyecto escolar.

Al fin, casi a las nueve, llegaron a la reunión Kelda y Marlene.

—¿Dónde estaban? La cita era a las ocho.

No se disculparon. Eduardo venía detrás de ellas ayudando a un hombre que caminaba con dificultad: Ángel Castillo.

Todos se pusieron de pie al verlo llegar.

—¡Qué sorpresa! —dijo Xavier cediéndole su asiento—. ¿Ya te dieron de alta?

—Sí. Hace un rato —sus palabras sonaron graves y pausadas—. Estoy bajo arresto domiciliario. Afuera hay tres policías esperándome. De hecho, aunque sólo pasamos por Fernando y Lucy para que me lleven a su casa, voy a aprovechar para darles una noticia.

Ángel era una persona de aspecto imponente, facciones duras y noble mirada. Por fortuna, las quemaduras no habían afectado zonas visibles de su cuerpo. Tomó asiento mientras Fabiola apagaba la música. Luego guardaron silencio.

—Ya me enteré de cómo recuperaron todo —comenzó Castillo—. Forman un gran equipo. Quise venir personalmente a darles las gracias y a felicitarlos por la fe que tienen en el proyecto. Eso me motivó a seguir ayudando. Verán, hace dos años conocí a una mujer en las terapias de rehabilitación de Ulises; también tiene un hijo enfermo. Es muy noble, muy espiritual, patrocina varias fundaciones filantrópicas; heredó de su esposo más de cincuenta concesionarias de automóviles. Logré ponerme en contacto con ella para platicarle nuestros problemas y sueños. Me dijo que es propietaria de un centro deportivo por el que ya no tiene interés. No van a creerlo —se detuvo unos segundos para dar la noticia—, ¡está dispuesta a vendérnoslo en condiciones muy favorables! Son dos edificios, casi contiguos, con instalaciones para una gran escuela...

—¿Pero...? —preguntó Xavier adivinando que no todo podía ser tan hermoso.

—Están al norte de la ciudad. A una hora de camino de aquí. Si logramos comprarlos, tendremos que mudarnos hacia esa zona.

—Yo estoy dispuesto a hacerlo—dijo Suárez de inmediato.

Se sumaron a la moción tres voces más.

—¿Y si nos ocurre lo mismo? —cuestionó Fabiola—. ¿A esa mujer no le interesa ser socia o tomar parte en la organización de nuestra escuela?

—En lo absoluto.

—Prepararé un contrato con mucho cuidado —comentó Félix en-

143

tusiasmado—, y certificaremos ante un notario la compra venta, a largo plazo, de los edificios.

Castillo miró a Xavier con gravedad.

—Lo siento... Pero otro licenciado hará las convenios. Nosotros dos debemos desaparecer del mapa.

—¿Por qué? —preguntó Kelda.

—¿No te das cuenta? Somos un peligro potencial donde quiera que estemos. Hay gente que quiere matarnos y no dudaría en dañar a los demás.

Las sonrisas desaparecieron de los rostros. Xavier y Ángel se miraron un segundo. Bastó para ponerse de acuerdo. Hablarían a solas. Sus amigos eran gente buena, enamorada de un sistema educativo, amantes de su familia. Era injusto involucrarlos en problemas de ligas mayores.

—No se ofendan; pero, con todo cariño, les pido que no se metan en este asunto —prosiguió Ángel—. Por favor, abóquense a negociar la compra de los nuevos edificios y echen a andar la escuela —se puso de pie y le suplicó a Kelda con solicitud urgente—. Pase lo que pase, encárgate de que el proyecto DMF se haga realidad.

Caminó hacia la puerta en medio de numerosas protestas. Los Suárez se despidieron para acompañar a Castillo y alojarlo en su casa.

En la calle los policías estaban esperando. Xavier alcanzó a Ángel y se apartó con él un poco. Eduardo venía detrás.

—¿Qué vamos a hacer?

—Hay un investigador que trabaja para mí desde hace años —comentó Castillo—. Fue a verme al hospital y me dio algunos datos interesantes. Me advirtió que es muy peligroso acercarse a esos delincuentes, pero hay una chica oaxaqueña que cuida a la madre paralítica de los Malagón en una casa que ellos casi nunca visitan... Estoy seguro que esa joven nos proporcionará valiosa información sobre las actividades ilícitas de los hermanos. Debemos reunir pruebas para aprehenderlos.

—De acuerdo. Dame la dirección. Iré ahora mismo a platicar con esa joven de Oaxaca.

Ángel asintió y las profundas ojeras en su rostro se acentuaron.

144

Escribió, con expresión tétrica, el domicilio en una tarjeta y subió a la patrulla que lo llevaría a una casa en calidad de detenido.

Eduardo Cervantes se quedó con Xavier viendo cómo el vehículo oficial se alejaba. Le puso una mano sobre la espalda en señal de fraternidad.

—Ángel me confió el problema que tienen. Si vas a investigar algo, déjame acompañarte. No puedes andar solo. Yo conduciré el coche.

Xavier se lo agradeció.

Rumbo a la casa de la madre de los Malagón, ninguno habló.

Fue un camino complicado y largo. Recordó algunas de las palabras del casete:

El creador de grandes obras es como un resorte comprimido en espera de soltar su impulso. Puede superar con éxito cualquier reto gracias a su capacidad para esperar el momento preciso de la acción y a su entereza para actuar con valor cuando llega ese momento.

¿Era el momento de actuar o se estaba precipitando?

Entraron a una colonia pobre con escasa iluminación pública. Cruzaron un camino de terracería y tuvieron que preguntar a varios transeúntes mal encarados la ubicación del domicilio. Al fin llegaron. Bajaron del automóvil.

Era la calle propicia para un atraco.

La casa parecía abandonada. Años atrás debió lucir su bella arquitectura colonial; ahora, el descuido de la fachada le daba un aspecto funesto. No tenía timbre. Xavier tocó el portón de madera con el puño. Un vagabundo ebrio se les acercó, tambaleándose por la acera. Xavier volvió a tocar. El beodo pasó mascullando una verborrea ininteligible.

—Si no salen en un minuto, nos largamos de aquí.

En ese instante se escuchó la voz de una mujer preguntando qué deseaban.

—¿Aquí vive la señora Malagón?

Una chica de aspecto humilde y ojos asustados entreabrió la puerta.

—¿Son policías?

—No...

—¿Qué quieren?

—Lucio y Artemio... ¿Están aquí?

—Casi nunca vienen. ¿Para qué los buscan?

En el pasillo oscuro del interior resonó la voz de una mujer mayor. La joven brincó aterrorizada. Iba a cerrar la puerta pero Xavier la detuvo obedeciendo a su instinto.

—Ellos nos perjudicaron... queremos reunir pruebas para detenerlos. Son unos malvados. Han dañado a mucha gente y no permitiremos que esto siga. Ayúdenos, por favor.

La empleada se quedó pasmada mirando al recién llegado. Eduardo se aventuró aún más lejos:

—No deje que nadie abuse de usted. Podemos sacarla de aquí. No tenga miedo.

Detrás de la chica apareció una anciana sentada en silla de ruedas. Los visitantes se petrificaron al verla. La inválida lucía una larga cabellera completamente blanca y una mirada fija pero ausente, algo que podía definirse más como una "no mirada", con ojos muertos iguales a los de una escultura de yeso. La joven cerró. Xavier evocó las palabras de Castillo:

Como no tenía familia, fue enviada a un manicomio, pero escapó. Sus hijos la rescataron. Lucio estudió psiquiatría para ayudarla.

Se preguntó cómo se habría acostumbrado esa chica oaxaqueña a convivir con una loca, engendro viviente de las peores pesadillas.

—Vámonos —dijo Eduardo.

—No. Tengo un presentimiento. ¿Viste la forma en que la chica se sobresaltó cuando oyó el llamado de la vieja? Está aterrada. Subámonos al coche un rato. Tal vez salga de nuevo.

Esperaron por más de media hora. Vieron pasar al mismo borracho de regreso. Xavier salió del auto y echó un vistazo hacia arriba. Sobre la puerta estaba una ventana de madera protegida con barrotes. La cortina se movió, como si alguien, en el interior, hubiera estado vigilándolos.

14

CREACIÓN DE OBRAS GENIALES

Eran las once de la noche.

Se armó de valor y volvió a tocar. Después de un rato percibió que, del otro lado, alguien le pedía que no hiciera ruido. La muchacha abrió la puerta y salió. Traía consigo una maleta vieja. Caminó viendo a ambos lados de la calle, como un recluso que se evade de su prisión. Debía estar aterrada para ni siquiera fijarse en el auto que abordó. Sólo en el interior del vehículo Xavier y Eduardo pudieron evaluar la palidez de ese rostro ojeroso y demacrado.

El vehículo avanzó con lentitud.

—Vámonos —dijo—. Yo me voy de aquí. Me voy a Oaxaca. Llévenme a la estación de autobuses, por favor.

—Cálmate —le pidió Eduardo—. Te llevaremos a donde quieras, pero antes dinos, ¿por qué estás tan asustada?

—Ustedes lo saben. Me hablaron con la verdad. Lo saben. Artemio es malo. Hace cosas malas. Vayan más rápido. ¡Apúrense!

Eduardo aceleró. Entraron al periférico. La joven respiró al ver las luces de tantos coches.

—Necesitamos saber dónde podemos hallar a ese Artemio —dijo Xavier.

La chica temblaba. Volteaba de un lado a otro con los ojos desorbitados como si un monstruo infame los estuviera siguiendo.

—Una vez me llevó al lugar donde se juntan. Yo no sabía nada. Les juro que no sabía. Me contrataron para cuidar a la señora. ¡A la señora! Se lo dije al joven Artemio, pero él me ordenó que lo acompañara. Me hicieron tomar unos tés que me dieron mucho sueño. Abusaron de mí. Soy pobre, estoy sola, pero no me gusta que abusen de mí. Por favor, llévenme a la central de autobuses.

147

—¿Cuándo fue eso?

—Hace como diez días.

—¿Y por qué no huiste?

—Dijeron que me matarían si me iba. Tenía miedo. Son malos. La señora está loca. A veces se puede hablar con ella, a veces no, llora y grita mucho. Sus ojos como que se pierden... La casa tiene una rampa en la que ella sube y baja con su silla de ruedas. Siempre anda de arriba para abajo, sobre todo desde que Lucio se llevó al "Pecas". Era su mascota, lo busca por cada rincón y luego me acusa a mí de haberlo echado a la calle. Me miraba y hasta me ponía a temblar, porque no me miraba a mí. Gracias a Dios, hoy llegaron ustedes a sacarme.

—Muy bien —dijo Eduardo—, esta noche mi esposa te preparará una cena caliente y tomarás un baño. Mañana te irás en un autobús.

—¡No! ¡No! —comenzó a gritar como histérica—. Entonces déjenme bajar, ahora. Yo me voy a mi casa. Tengo dinero. Puedo tomar un taxi. ¡Déjenme bajar!

El conductor echó una rápida mirada a Xavier para consultarlo.

—Te dejaremos en la terminal, con una condición —propuso el abogado—. Necesitamos que nos digas dónde te llevó Artemio esa noche.

—¡No! ¡Nunca! Yo no vuelvo ahí. Déjenme bajar.

—Sólo dinos dónde está —pidió Eduardo.

Xavier giró para ponerle una mano en el hombro.

—Cálmate. Somos tus amigos. Puedes confiar en nosotros.

La chica se apartó y agachó la cara. Se veía realmente trastornada.

—Déjenme ir —suplicó a punto de soltarse a llorar.

—Vamos a la estación de autobuses...

Durante varios minutos nadie habló. Xavier quiso secarse el sudor de la frente, pero al extraer un papel de su bolsillo, descubrió la servilleta en la que Suárez bosquejó la introducción del postulado "creación de obras geniales".

En la gráfica se apreciaban los procesos del sistema de DESARROLLO MÁXIMO DE FACULTADES®, explicando cómo la "educación en el límite superior" abarca desde el nacimiento hasta la adolescencia. La "formación del carácter íntegro" dura toda la vida y la "creación de obras geniales", parte de niveles modestos y llega al infinito.

148

También marcó de forma aproximada la existencia de un punto crítico en el cual el DMF logra la ejecución automática de hábitos en el límite superior y comienza a esforzarse por demostrar de lo que es capaz.

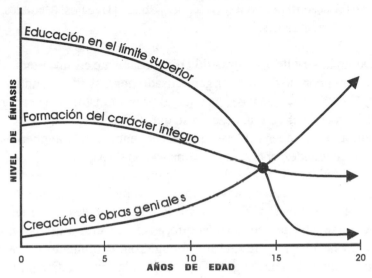

Rememoró las retóricas definiciones de Lucy:

La formación de un DIRIGENTE DEL MUNDO FUTURO pasa por tres etapas: primero se educa en el límite superior, después forma su carácter íntegro y al final se dedica a crear. En esta última etapa ya no se trata de "ser" sino de "hacer", ya no es cuestión de buena esencia sino de buenos resultados; ahora ha llegado el momento de actuar en grande. El creador de obras geniales no sólo ama, también manifiesta su amor; no sólo sueña, también realiza sus sueños; no sólo piensa en cómo deberían ser las cosas, sino que hace a las cosas suceder como deberían; no sólo conoce muchas disciplinas sino que se especializa en algunas y logra obras maestras, frutos sobresalientes. Así, una persona que actúa con grandeza tiene alta autoestima, hace sentir bien a los demás, modifica su entorno para bien, sus actos están unidos a un sentido de servicio y amor. Las acciones de grandeza son los frutos por los cuales puedes conocer a un triunfador: Sus pinturas realizadas, sus melodías compuestas, sus poemas escritos, sus empresas erigidas, sus inmuebles construidos, sus documentos organizados, sus negocios concretados, sus productos elaborados, su familia conformada, sus hijos educados. ¡Acciones! ¡Hechos! ¡Obras! ¡Trabajos! Medibles, evaluables, admirables...

Dobló la servilleta y la guardó cuidadosamente en su cartera. Comprendió el porqué del tono urgente usado por Castillo cuando le dijo a Kelda: "Pase lo que pase, haz que el proyecto DMF se vuelva realidad." Un creador de grandeza no se queja. Produce.

Vio a la oaxaqueña. Pensó que hacer sentir bien a alguien es una acción de grandeza y apocarlo es una acción de bajeza. Esa chica estaba disminuida. Sin duda había estado en contacto con gente ruin.

Llegaron a Taxqueña y detuvieron el vehículo en la entrada de la estación de autobuses. Xavier abrió la puerta y le deseó suerte.

Al verse salvada y comprobar que, en efecto, eran amigos, les dijo:

—En la misma calle que me recogieron, caminando un rato, se llega al canal de aguas negras. Den vuelta a la derecha. Cerquita van a ver una casa muy grande pintada de amarillo. Ahí se reúnen.

Tomó su bolsa y salió.

—Gracias —profirió Xavier, pero la chica no escuchó. Corría como desquiciada rumbo a los autobuses.

No estaban seguros de que fuera lo correcto; pero, aún así, se dirigieron de vuelta al barrio bajo. Pasaron por la casa de la anciana inválida y siguieron adelante tal cual se los indicara la oaxaqueña. Al final de la calle había, en efecto, un río de aguas negras. La fetidez se infiltró por las rejillas de la calefacción. Dieron vuelta a la derecha y miraron con detenimiento las casas. Xavier se preguntó si los habitantes de ese barrio ya se habrían acostumbrado a la pestilencia.

Una construcción se distinguía entre las demás. Era mucho mayor. Estaba al centro de un enorme terreno y pintada de amarillo. Les asombró la hilera de autos estacionados frente a la casa. Pasaron de largo y dieron vuelta para detenerse en la calle perpendicular. Eduardo apagó el motor.

—Bien. Ya vimos dónde está su centro de reuniones. Sugiero que vayamos por la policía.

—Claro —dijo Xavier—. Pero, ¿qué les diremos? ¿Que tenemos sospechas *vagas* de delincuencia *indefinida*? Eso no sirve para solicitar órdenes de cateo. Voy a echar un vistazo.

—Es muy arriesgado. Si te descubren...

—Tranquilízate. Tú estás acostumbrado a trabajar en oficinas de lujo, con secretarias elegantes y guardia en la puerta; yo tengo cuatro años arrastrándome entre las cloacas para descubrir la podredumbre de los peores delincuentes. ¡No tienes idea de las inmundicias que he hallado en cuevas hediondas! Nuestros parámetros son distintos. Sé lo que hago.

Abrió la portezuela ante la mirada atónita de su compañero, pero se detuvo un momento antes de salir.

—¿No traes entre tus herramientas una linterna de mano o algo parecido?

Eduardo abrió la cajuela de guantes y sacó un bolígrafo que encendía una lucecita al oprimirle el tapón.

—Es todo lo que tengo.

Xavier sonrió. Tomó el bolígrafo y caminó decidido.

La calle de tierra tenía una precaria banqueta. Dobló en la esquina y se acercó a la casa. O su sistema olfativo se había acostumbrado al tufo del canal o el olor de su temor lo eclipsaba por completo. Tropezó con unas piedras y estuvo a punto de descalabrarse. Aspiró para recuperar el aliento. Quiso encender la linternita, pero se contuvo. Alumbraría poco y llamaría mucho la atención. Siguió avanzando. La casa sin barda estaba al fondo de un enorme jardín. Caminó bordeando los límites del terreno. Por fortuna no apareció ningún perro. Se acercó a la construcción por un costado. Pudo distinguir, a través de una ventana, la gran tertulia: velas encendidas y humo de incienso. Siguió rodeando la casa. En la parte trasera se extendía un enorme garaje. Estaba abierto. Entró con sigilo y encendió la linterna. En medio de un desorden total vislumbró varias cajas, papeles, herramien-

151

tas, tambos de metal y una mesa de trabajo. Iba a salir, cuando su cerebro registró vagamente las formas de algo interesante. Algo que les pertenecía. Algo que estaban buscando...

Encendió de nuevo la lucecita del bolígrafo. Se aproximó. El corazón comenzó a latirle con mayor rapidez. Un sabor a cobre le invadió el paladar. Ahí estaban: Las computadoras robadas.

Lucio y Artemio saben que colaboro en la escuela DMF desde hace tres años. Creen que es mi negocio. Por eso robaron las computadoras.

Recordó que en la máquina de Kelda estaba el libro del sistema casi terminado. Debía sacarla de ahí. Le serviría como prueba y le ahorraría a su amiga muchas horas de trabajo. En la penumbra todas parecían idénticas... Eran un modelo modernista que integraban en un sólo gabinete, CPU y monitor. Levantó una, la puso sobre la mesa de trabajo y buscó alguna etiqueta, iniciales, cualquier marca que le indicara que era la de Kelda, pero no encontró nada. Dio un paso atrás, sintió bajo su zapato el suave cuerpo de un roedor que chilló al instante. Brincó, soltó la computadora y ésta se vino abajo produciendo un estrépito.

Se quedó helado. Aguzó los sentidos. Escuchó voces en el exterior. ¡Diantres! Alguien estaba saliendo de la casa para averiguar de dónde había provenido ese ruido. Se apresuró a acomodar los aparatos como estaban antes, pero no terminó de hacerlo. Los pasos se acercaban. En cuclillas, se ocultó detrás de unas enormes cajas de cartón. Estaba perdido. Les bastaría echar un simple vistazo para descubrirlo. Pensó en salir con las manos en alto pero, ¿y luego?

Encendieron la luz. Se encogió un poco más y contuvo la respiración. En ese instante sintió que alguien lo observaba. Giró la cabeza muy despacio y descubrió una enorme rata que le clavaba sus ojillos brillantes. Se sobresaltó y la rata echó a correr.

Se oyó una carcajada.

—No es nada —dijo la voz de quien inspeccionaba el área—. Una asquerosa rata.

Apagaron la luz y cerraron la puerta. Xavier se quedó quieto por largo rato. Había vivido angustias similares en la sierra de Chihuahua.

152

Escuchó leves chillidos a sus pies. Encendió la linternita y pudo ver el nido del roedor con crías extremadamente pequeñas; por eso la madre se le había acercado tanto. Tuvo suerte de que no lo mordiera. Se apartó del lugar con lentitud y tomó aire. No podía volver a cometer errores. Sus movimientos debían ser muy cuidadosos.

Escudriñó el entorno ayudado por la escasa luz del bolígrafo. Las paredes estaban pintadas con símbolos extraños. Había cabezas de muñecos colgadas en los rincones. Dos ratas más salieron de una caja con basura. Dominando su repugnancia se acercó y removió los desperdicios: fotografías, cabellos, monigotes. La visión lo heló. Tomó un títere de trapo y lo arrojó aterrado. Ningún chiquillo cercanaría sus juguetes así. Siguió hurgando. Revisó fotografías de mujeres jóvenes y niños. Una ola de terror volvió a invadirlo y debió echar mano de toda su entereza para no perder el equilibrio. Ante él había una foto reciente de María Luisa y Ángel Castillo, abrazándose frente a la fachada de su hermosa casa antes de que se incendiara. Su diestra siguió moviéndose con mucha cautela entre los papeles. Se paralizó al descubrir, consternado, algo inconcebible: un retrato de Roxana.

La linterna empezó a perder potencia. Las baterías se estaban agotando.

En la sierra de Chihuahua rezaba cada noche con su esposa. Desde su muerte, no volvió a levantar la mirada al Cielo. Ahora, el pavor lo impulsaba a acogerse a una protección superior.

—Los ángeles del Señor acampan y abrigan a quienes.... ¿le aman? ¡Dios mío! No recuerdo los versículos, pero protégeme de esto y cuida a mi pequeña...

La lamparita parpadeó. Poco antes de que su luz se extinguiera vio un foco sobre la mesa de trabajo. Alcanzó el interruptor y lo encendió arriesgándose a llamar la atención. Actuó con rapidez. Echó a su bolsa las fotografías, dio unos pasos hacia la puerta y la abrió con sigilo. En el jardín reinaba una quietud total. Regresó a las computadoras, tomó una junto con cables, teclado y cargó el paquete. Antes de salir vio algo que lo impactó casi como un golpe físico: Un diploma otorgado a Lucio Malagón por haber participado en el simposio de medicamentos controlados. El documento mostraba el monograma del

153

Hospital Primario de Oriente. ¿Cómo había pasado por alto esa pista del endemoniado acertijo? Ángel Castillo se la dio cuando estuvo en el hospital.

Lucio Malagón era laboratorista. Trabajó en el mejor sanatorio del este de la ciudad durante muchos años, pero lo sorprendieron haciendo drogas ilícitas y lo despidieron.

¡Su esposa fue doctora y jefa de laboratorios en ese mismo lugar! ¿Qué significaba el hecho de que Lucio la hubiera conocido? ¡Tal vez fue ella quien detectó la depravación del desgraciado y lo arrojó a la calle! No recordaba ningún comentario de Ximena a ese respecto. Se acercó al diploma cargando la máquina. Lo firmaban tres personas; una de ellas, la doctora Ximena Favela de Félix...

Salió y avanzó por la calle a grandes pasos. La infortunada aparición de un perro flaco y sarnoso estuvo a punto de hacerlo tropezar. El can comenzó a ladrar. No hizo el menor intento de ahuyentarlo. Sus manos engarrotadas apretaban con fuerza la base del gabinete. Se topó con Eduardo a mitad del camino. Quiso ayudar, pero Xavier le indicó que corriera a abrir la cajuela del coche. Sin hablar, intuyendo todo, Eduardo abrió el portaequipajes con extrema celeridad. Dejaron caer la computadora en el interior. No aparecieron más perros. Subieron al vehículo y huyeron a gran velocidad.

Apenas alcanzaron la avenida, Xavier se recargó en el asiento tratando de relajar sus músculos. Vio que traía la linternita en la mano derecha, apretada con todas sus fuerzas. La dejó sobre el tablero.

—Te invito a cenar —propuso Eduardo—. En el restaurante analizaremos las cosas con calma.

Xavier no atinó a decir ni sí, ni no. Su mente ofuscada reproducía imágenes entremezcladas: el nido de ratas, las fotografías, los títeres mutilados, la pestilencia, el momento en que estuvo a punto de ser descubierto.

Llegaron al restaurante. Eduardo Cervantes apagó el motor del auto y anunció que él pagaba la cuenta.

—No se me apetece comer —dijo Xavier.

—¿Te sientes bien?

—Sí, pero quiero regresar a casa pronto. Temo por mi hija...

Eduardo encendió la luz de la cabina.

—¿Qué pasó?

Por toda respuesta, extrajo las fotografías de su bolsa y se las entregó. Eduardo se inclinó para observarlas.

—¿Encontraste esto ahí?

Asintió exhausto. Analizando los retratos de cerca, Xavier se ofuscó aún más. El de los Castillo parecía reciente; posaban frente a la cámara mostrando, orgullosos, su casa. La imagen había sido rayada caprichosamente con una navaja. La fotografía de Roxana debía tener dos años de antigüedad, estaba intacta, a no ser por una estrella roja trazada con plumón, en la esquina superior izquierda.

—Había más fotos —comentó—, pero también otros objetos.

—¿Qué objetos?

—Muñecos rotos. Pedazos de ropa infantil... —apretó los puños al revivir la misma sensación de impotencia que sintió junto a su esposa cuando hallaron las cuevas de inmolaciones en la sierra. Apenas pudo terminar la frase—: Vi un muñeco de... de trapo con los... bracitos quemados y... un par de agujas metidas en los costados. Lo hallé junto a la fotografía de Ángel y María Luisa.

La relación era demasiado obvia para no creerse; demasiado lúgubre para no ser cierta.

—¿Estás seguro? —cuestionó Eduardo.

—Sí.

—¿Lo trajiste?

—No.

—¿Qué significa?

—Es algo... —carraspeó—, algo como un maleficio a la usanza del vudú haitiano.

—¡Oye, amigo! Hablemos claro. ¡No trates de ver fantasmas donde sólo hay gente! El incendio no fue obra de magia ni demonios. Alguien de carne y hueso colocó las sustancias explosivas y luego las detonó.

155

—Tienes razón pero las supersticiones influyen en la conducta de las personas. En otras palabras, quienes practican la magia negra producen daños reales.

Durante varios segundos guardaron silencio.

—Necesito hablar con mi madre para preguntarle si reconoce esta foto y cómo la extravió. También necesito saber si mi hija está bien.

—De acuerdo —dijo Eduardo y agregó con innecesaria obviedad—: Dejaremos la cena para otra ocasión.

Ya en camino le vino a la mente una nueva inquietud. Había dejado la luz del garaje encendida y, por ese error, los delincuentes descubrirían que faltaba una computadora. Se lo comunicó a su compañero.

—Tal vez traten de vengarse. Ignoro hasta dónde pueden llegar.

De pronto el aparato recuperado se convirtió, a su entender, en una bomba de tiempo.

—Vamos a entregar esto a la policía.

—Lo haré yo. Más tarde. Ahora necesito volver a casa.

Llegaron al domicilio. Sacaron la computadora de la cajuela y la llevaron hasta la mesa del comedor. Eduardo pareció librarse de un terrible peso.

—Me voy. Marlene debe estar preocupada, esperándome.

—Conduce con cuidado.

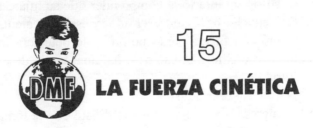

15
LA FUERZA CINÉTICA

En cuanto su compañero se fue, Xavier cerró la puerta con doble llave y aseguró todas las ventanas; después subió las escaleras de la casa con sigilo. Entró a la recámara de su mamá, pero no se atrevió a despertarla. Fue a la de Roxana. Dormía abrazando un oso de peluche. Sus largas piernas desnudas sobresalían de las cobijas arrugadas. ¿Dónde se había ido su niña? ¿Dónde estaba la pequeña que idolatraba a su padre y confiaba ciegamente en él? Estiró las sábanas y la cubrió. Se sentó a su lado. Una hermosa anécdota se le vino a la mente como si hubiese sucedido ayer. Cuando Roxana tenía cinco años, fueron a esquiar en la nieve. Ximena se quedó en la cabaña cuidando a Max y él dedicó todo el día a su princesa para enseñarla a deslizarse sobre el helado manto blanco en las faldas de la montaña. Una vez que la niña había adquirido la destreza suficiente, decidió subir con ella a las sillas transportadas por cable hacia una parte más alta. Llevar los pies colgando, adheridos a los largos esquís y estar sentados sin ninguna protección, impresionó a la pequeña. Hubo un momento en el que la silla se elevó sobre una hondonada y Roxana preguntó cómo iban a bajar de allí.

—Más adelante —le dijo él—, llegaremos a un lugar donde tomarás mi mano para dar un salto. Eso es todo.

—¿No nos pasará nada?

—¡Claro que no! Confía en mí.

Roxana, sin pensarlo dos veces, agarró la mano de su padre con fuerza.

—Estoy lista —anunció decidida—. Cuando tú digas.

Xavier casi sufrió un infarto al comprender que su hija estaba dispuesta a saltar. Tenía los ojitos entrecerrados y esperaba atenta la indicación. La sujetó con fuerza para que no se le ocurriera inclinarse hacia delante en ese sitio. ¡El suelo se hallaba a más de cincuenta metros de altura!

—Hija, ¿pensabas saltar aquí?

—Si tú lo quieres... ¡por supuesto! Me dijiste que te tomara de la mano y confiara en ti. Eso hago.

No supo si reprenderla o comérsela a besos. ¡La niña no conocía el temor mientras estuviera tomada de esa mano fuerte! Si él hubiese decidido arrojarse al vacío, Roxana lo habría seguido sin pensarlo. Su mundo era él.

Pensó en la enorme responsabilidad de ser padre. Los niños llegan al mundo con una alma pura, limpia, lista para ser moldeada. Confían ciegamente en los adultos, al menos durante los primeros doce o quince años, tiempo en el que, con frecuencia, reciben las suficientes decepciones para cambiar de actitud.

Besó a su hija en la frente. ¿Cómo recuperar un poco de la confianza que le tuvo antaño?

No quería separarse de ella esa noche.

Junto a la cama había un sillón donde podría descansar. Salió a traer su cepillo de dientes y un vaso con agua.

Entró en la habitación de su sobrino y vio que estaba a punto de caerse de la cama. Lo acomodó. Siguió hacia el baño. Echó un vistazo al comedor y vislumbró la computadora. ¡Qué enigmática le pareció colocada sobre la mesa! Los ladrones nunca se enteraron de cuán valiosos eran los documentos que guardaba. Sólo pensaron en el ordinario cascarón. Sintió curiosidad por saber si la máquina conservaba el precioso trabajo de Kelda, así que la conectó. Oprimió el botón de encendido. Funcionaba a la perfección. Como no tenía código de acceso, buscó las especificaciones de la máquina en el panel de control y halló que pertenecía a uno de los ayudantes de su amiga. Activó un buscador automático y tecleó las letras *DMF*. Había setenta y ocho documentos relacionados con ese tema. Abrió uno de ellos.

158

Sus nervios aún estaban alterados. Leyó sobre la pantalla bajando lentamente el cursor.

FUERZA CINÉTICA DE AUTOESTIMA

En la educación sobresaliente se trabaja con el cerebro y el carácter, las mejores maquinarias del mundo. Pero ¿de qué serviría tener un avión sin combustible? LA AUTOESTIMA ES EL COMBUSTIBLE. Sin ella, la educación sobresaliente sólo serviría para convertir a la persona en un sabihondo inútil. La autoestima se traduce en "energía de movimiento". No es factible concretar acciones de grandeza sin esa energía. Quien se considera capaz de crear grandes obras con mucha frecuencia lo logra. Quien, por el contrario, se juzga torpe nunca concreta sus metas. La fuerza cinética de una persona proviene de cómo piensa de sí misma. Su autoestima es el origen de grandes obras que a su vez proporcionan mayor energía a su hacedor hasta formar un círculo virtuoso.

Un psicólogo comentó que cierto día estaba con sus amigos en una reunión. El anfitrión preparaba carne asada y le pidió a su hijo de diez años que trajera algunas cosas de la tienda. Le dio la lista. El niño tomó su bicicleta y salió del jardín pedaleando a toda velocidad. A los pocos minutos estaba de regreso, con una bolsa de refrescos, botanas y condimentos. Venía colorado por el ejercicio y entusiasmado de serle útil a su padre. Entonces el papá revisó el encargo y enfureciéndose de súbito, le gritó frente a los invitados: "¡Tarado! ¡Imbécil! ¡Se te olvidaron los limones!" El chico se sonrojó de vergüenza, tomó su bicicleta y salió pedaleando con lentitud. Se demoró casi una hora en volver. Durante el resto de la tarde no quiso jugar con los otros niños. Se sentó en un rincón, desganado, considerándose un "tarado". Su padre le había robado la fuerza cinética.

Los niños son en extremo sensibles. Creen todo lo que se les dice. No ponen en duda la afirmación de un adulto que opina "eres extraordinario"; tampoco la de otro que afirma: "eres odioso".

Cierta pequeña, que usualmente tenía problemas con las matemáticas, salió un día de la escuela enarbolando una hoja de papel mientras gritaba, orgullosa: "¡Mira, mamá, saqué ocho de calificación!" La

159

madre en presencia de otras personas le preguntó a la niña: "¿Y en qué te equivocaste, si se puede saber?" "En una tontería, ¿pero no te da gusto? ¡Saqué ocho!" "Me va a dar más gusto cuando saques diez; anda, camina". Quienes presenciaron la escena se quedaron pasmados por la crueldad de la madre. Con toda seguridad, esa pequeña cesaría de luchar por una mejor calificación. Y con razón, pues a los niños (e incluso a muchos adultos), no les interesa obtener una mención honorífica o una medalla de oro. Para ellos, los premios materiales carecen de valor. Cuanto los motiva a estudiar, competir o entrenarse, son las felicitaciones, los abrazos, el ser levantado en hombros, las frases de aliento o admiración.

Hay empresas en las que los empleados no tienen deseos de trabajar porque se sienten subvaluados: No existen estímulos, ni premios. Se les ha robado la "fuerza cinética de autoestima". Si alguien da lo mejor de sí y sólo recibe frases apáticas y desinteresadas, al día siguiente no quiere levantarse de la cama. ¿Para qué? ¿Con qué energía?

La creación de obras geniales surge gracias a grandes dosis de fuerza cinética. Si deseamos que un niño haga cosas extraordinarias, debemos dedicarnos a proporcionarle esa fuerza.

Xavier dejó de leer, meditando en la escasez de "combustible" que debía tener Roxana. Ella misma se lo dijo.

Estoy segura que si a mí me hubiesen robado, mamá no habría enloquecido... ¡Lo sé! Se habría refugiado en su bebé para seguir viviendo.

Sonó el teléfono. Pensó que, aunque eran más de las doce, tal vez Kelda se había enterado de lo ocurrido por boca de Eduardo y deseaba animarlo. Se apresuró a contestar. Del otro lado de la bocina escuchó el silencio. Se sintió decepcionado. Insistió.

—¿Bueno?

No hubo respuesta. Iba a colgar, cuando oyó algo que lo dejó atónito: El llanto de una niña. Entre sollozos emitía gritos aterradores. Frunció el ceño desconcertado. ¿Qué clase de broma era ésa? Una curiosidad incomprensible lo mantuvo pegado al auricular. La niña pedía ayuda. Repentinamente el llanto cesó y cortaron la llamada. Se quedó quieto, asustado, temblando. Dejó el teléfono en su lugar y trató de calmarse. Tal vez los habían descubierto y estaban haciéndole algún tipo de advertencia. Pero, ¿qué significaba?

Sacó de su bolso la fotografía de su hija. Subió la escalera a grandes zancadas y se cercioró de que aún estuviera dormida en su habitación.

Bajó otra vez consternado, tratando de razonar. En la computadora se había activado el protector de pantalla. No se sentó. Oprimió la barra espaciadora y el texto apareció. Bajó el cursor, por inercia, dándose tiempo para tranquilizarse. Temblaba, las palmas de sus manos le sudaban. Casi no pudo concentrarse en la lectura, aunque de cualquier modo pasó su vista por las letras.

¿CÓMO DAR FUERZA CINÉTICA A UN NIÑO?

Todo padre debe estudiar y aplicar con su hijo el siguiente programa sobre la fuerza cinética si desea convertirlo en creador de grandeza:

1. Enséñelo a identificar a las personas envidiosas o insolentes y a no tomar en cuenta sus ataques.

2. Motívelo a describirse anotando todo lo bueno que vea en sí mismo. Ayúdelo a descubrir aspectos positivos que él no haya tomado en cuenta. Organice una reunión familiar para que todos le digan sus cualidades. Enmarque esta lista y póngala en su habitación; cuando su hijo se sienta rechazado o decepcionado lea el cuadro con él.

3. Motívelo a hablar claro, a ser sincero, a expresar sus anhelos, reírse de sus errores y hablar de sus aciertos. Apláudale cuando tenga el valor de opinar algo diferente o contrario a lo que opina la mayoría.

4. No se enfade si su hijo hace un mal papel. Bríndele confianza. No lo corrija sin cesar ni le dé consejos tipo sermón. No haga que tema a sus regaños o a sus consabidos "te lo advertí".

5. Repruebe los comentarios negativos que haga sobre sí mismo. Indúzcalo a amarse y a tenerse respeto.

6. Sea atento y cariñoso con él. No desperdicie ninguna oportunidad para que se sienta querido. Anímelo ante los retos.

7. Muéstrele sus defectos en perspectiva. Si al niño le desagrada, por ejemplo, su estatura, su complexión o el frenillo dental, explíquele que esas limitaciones son temporales. Vean juntos fotografías antiguas y reflexione con él cómo la gente cambia con el tiempo.

8. Ayúdelo a convertirse en un experto, no importa de qué: botánica, dinosaurios, computadoras, juegos de video, música, rocas, futbol... Si domina un tema aumentará su autoestima.

9. Defina con él sus habilidades manifiestas y latentes en las que destaque de forma especial sobre sus hermanos, primos y amigos. Para lograrlo, enliste al menos cincuenta aptitudes artísticas, deportivas, científicas, técnicas, sociales y otras, que su hijo pueda poseer. Analice una por una con él, hasta detectar los dones que lo definen. Proporciónele todos los elementos y facilidades para hacerlos fructificar. (Si, por ejemplo, encontró que es hábil para la música no repare en comprarle un instrumento ni en inscribirlo en clases particulares). Los dones de muchos genios maduraron gracias al impulso temprano de sus padres.

10. Propicie que el niño tenga un encuentro personal con Dios, para que se sepa portador de la dignidad divina, reconozca que su existencia es de naturaleza eterna y siempre dé gracias por todo lo que tiene.

Estaba tan abstraído que no escuchó a su madre llegar a la sala. De pronto la vio a contraluz, parada al pie de la escalera. Se sobresaltó tanto que dio un grito.

—Mamá, ¿qué haces aquí?

—Oí el teléfono hace un rato. ¿Todo está bien?

—Sí... Es decir, no sé. Necesito hablar contigo.

Ella se adelantó, apoyándose en su bastón.

—¿Y esa computadora?

—Es una de las que nos robaron. Encontramos la bodega de los ladrones.

—¡Qué buena noticia!

—Sí, sólo que en el sitio había ratas, símbolos pintados en las paredes, cabezas de muñecos y, además, esto.

Le mostró la fotografía de Roxana. Su madre la cogió con las dos manos y la observó con detenimiento.

—¡Cielos!

—¿La conoces?

—Yo se la tomé a Roxana, pero ella la guardaba.

La analizó por el reverso.

—Aquí había algo escrito. La tinta se corrió. No alcanzo a distinguir bien...

Xavier cogió el retrato y lo llevó hasta la lámpara. No había reparado en esas manchas del papel fotográfico por la parte de atrás. En efecto había una frase casi borrada por completo.

—Dice algo así como "con todo mi amor, para Pon... ¿cho?"

—¡Poncho! —dijo su madre—. El joven que viene por ella todas las noches.

Xavier sintió cómo la presión interna le subía por las arterias y amenazaba con hacerle explotar la cabeza. Si Roxana le había regalado esa fotografía a su novio, ¿por qué apareció en la casa de los Malagón?

Caminó por la sala.

Doña Teresa se sentó frente al monitor. Entonces sonó el teléfono de nuevo.

Xavier saltó hacia él, pero se frenó en el aire y caminó despacio.

—¿Bueno?

Una voz áspera preguntó en baja frecuencia:

—¿Xavier Félix?

—Sí, soy yo. ¿Qué se le ofrece?

—Eres un perro, desgraciado, cretino, pedazo de animal...

Los insultos continuaron. Trató de reconocer la voz pero no pudo. Después de la sarta de improperios escuchó el tono intermitente de la línea interrumpida.

—¿Quién era, hijo?

—No sé —pero como se quedara con los ojos extraviados y la bocina en la mano, ella preguntó:

—¿Te amenazaron?

—Me insultaron.

—Habrá sido un bromista divirtiéndose con el teléfono.

Asintió. Dejó el aparato y volvió a su asiento. No le habló del llanto infantil en la primera llamada ni le dijo que, antes de las imprecaciones, en la segunda, el "bromista" se había cerciorado preguntándole su nombre.

—Mira este párrafo —pidió doña Tere señalando el monitor—. Escucha lo que dice.

El creador de obras geniales es un PROFESIONAL. Actua de forma impasible, imperturbable, serena. Ante los problemas agudiza sus sentidos pero no se apoca. Permanece en la batalla con la cabeza fría. Si es padre, no se altera con sus hijos, no se enfada, no pierde la calma; sólo corrige serenamente y con decisión; ante un accidente, actúa con firmeza, pero en forma fría; ante un problema, se concentra y se dedica a resolverlo. El profesional echa mano de recursos pensados y actúa de forma calculada. Jamás dice maldiciones. Aunque no siempre tiene éxito, siempre sale con la cara en alto, dejando tras de sí una estela de grandeza.

Xavier agachó la cara y trató de aplicar esas ideas a su propio caso. Necesitaba actuar como un profesional. La situación era compleja; Amenazas, sectas satánicas, ataques comprobados. ¿Cómo portarse ante una situación de extrema urgencia? Razonó la contraparte del texto: El poco profesional se enoja y pierde la paciencia, se desespera frente a sus hijos y los daña, dirige a los demás con gritos y amenazas, es impulsivo, toma decisiones cuando está enfadado, ante un accidente se pone histérico y no sabe qué hacer, mascalla palabrotas, culpa a otros y deja a su paso una estela de "bajeza".

—Mamá —dijo al fin—, debo actuar como un profesional, para no equivocarme, pero estoy asustado. ¿Cómo se lucha contra el mal sin salir herido de muerte? ¿Cómo se gana una pelea contra el demonio mismo?

—¿Por qué me preguntas eso, hijo? ¿Qué está pasando?

164

—El mundo se ha vuelto loco. La gente está vacía por dentro. Abundan secuestros, asesinatos, robos, maltrato infantil, las familias se deshacen, la droga esclaviza cada día a más personas, la corrupción se ha infiltrado en las instituciones. ¿Cómo puede uno ser profesional inmerso en este caos?

Doña Tere no contestó. Xavier desconectó la computadora y comenzó a enrollar los cables.

—¿Qué vas a hacer?

—Actuar como profesional. Me llevaré esto de aquí. Lo pondré en el coche. Cuidaré que nadie esté en la calle, esperándome para seguirme, e iré directo a la estación de policía. Levantaré una denuncia, ofreceré la computadora como prueba tangible y pediré un cateo en la casa de los Malagón.

Repentinamente escucharon el motor de un automóvil que se había detenido en la calle. Se quedaron quietos. Una idea aterradora invadió a Xavier. Tal vez los delincuentes estaban afuera. Si sabían su número telefónico y lo usaron para intimidarlo, eran capaces de presentarse en la casa para resarcirse por haber sido descubiertos.

Xavier miró a su madre. Estaba pálida. El timbre de la puerta sonó.

—¿Qué vamos a hacer?

Dudó.

—Creo que los criminales no tocarían el timbre.

Caminó muy despacio hasta la puerta y pegó su oreja para escuchar lo que sucedía en la calle. Volvieron a tocar con un timbrazo corto, como si el visitante fuera una persona tímida o dudara en despertarlos.

—¿Quien es? —se animó a preguntar.

—Yo. Kelda.

El alma le volvió al cuerpo. Abrió la puerta. Su compañera lo miró con gesto taciturno. Detrás de ella había un taxi de sitio.

—¿Qué haces aquí?

—Estoy muy preocupada. Acompañé a Marlene hasta que Eduardo llegó por ella. Nos contó todo lo que está pasando. Me asusté muchísimo. Iba rumbo a mi casa, pero le dije al taxista que pasara por aquí. Necesitaba verte, decirte que no estás solo.

—Pasa, por favor. Voy a presentarte a mi mamá.

—No. Es tarde, sólo vine a...

—Yo te llevaré a tu casa.

Xavier salió a la calle, se acercó al coche de alquiler, le pagó al chofer y volvió con su amiga. La tomó del brazo y entró con ella. Su madre estaba detrás de la puerta.

—Mamá, te presento a Kelda. Es mi compañera de trabajo.

—¿Kel... da?

—Sí, señora, mucho gusto.

—Es increíble...

Él apretó los labios mientras cerraba la puerta con doble llave. Había olvidado que ella tenía un asombroso parecido físico con su fallecida esposa. Su madre lo había notado de inmediato.

—¿Qué es increíble, señora?

—Yo conocí a una persona que... No... Nada... Olvídelo... Estoy muy confundida. Ha sido un día terrible. Me siento un poco mal. Voy a tratar de dormir. Se quedan en su casa.

Xavier vio con asombro que su madre, sin esperar respuesta, subía las escaleras apoyándose en su bastón.

Kelda estaba visiblemente apenada.

—Debo irme. He sido muy inoportuna.

—No. Perdona. A mamá le gustan las visitas, pero... hace unos minutos le relaté detalles sobre lo sucedido y... está muy nerviosa.

Kelda caminó hacia la mesa del comedor.

—No es para menos. El problema que tienen Ángel y tú con esos maleantes es muy complicado —hizo una pausa—. De modo que ésta fue la computadora que rescataste... —la revisó—. Es la de Antonio —y como si aún no lograra quitarse la astilla clavada, volvió al tema anterior—: A tu mamá no le dio mucho gusto que viniera a esta hora de la madrugada.

Xavier se quedó callado. No se atrevió a confesarle que, con toda seguridad, a su madre le había fascinado su llegada, porque él era un tipo con muchos puntos malos en el marcador emocional de su familia y que su vida sólo se estabilizaría por completo cuando encontrara una pareja.

Levantó la cara para ver a Kelda y se encontró con un gesto dulce y atrayente, casi hechicero. Sus pupilas se dilataron en señal de afinidad. Comprendió la intención de su madre al dejarlos solos con tanta rapidez, aclarando, de paso, que estaban en su casa. Le faltó decir "pónganse cómodos".

Ella pareció tener una chispa de intuición. Xavier lo notó. La carga de estrés es el mayor enemigo del amor y él había tenido mucha últimamente. De pronto supo que amaba a esa mujer. Lo había sabido siempre, pero el sentimiento original fue confuso: Una emulsión entre la reminiscencia de su antigua esposa, el resurgir de deseos eróticos largamente olvidados y la emoción de un trabajo lleno de contingencias. Mas ahora lo veía todo con claridad. Deseó que Kelda no se hubiera parecido a Ximena. Deseó haberla conocido en otras circunstancias. Deseó que ella no hubiera tenido malas experiencias con ningún hombre en el pasado. Deseó haber formado una familia con ella y haber educado a sus hijos con su extraordinario sistema para el *Desarrollo máximo de facultades*.

No renegaba de su pasado, aunque se imaginó lo hermoso que sería oprimir el botón expulsor de la cinta de terror que era su vida y cambiarla por una clásica película de amor en la que los protagonistas cantan de alegría cada quince minutos.

—¿Quieres un café? —le preguntó—. Soy mal cocinero, pero sé preparar café.

—No, Xavier. Quiero irme pronto. Sólo vine a ver cómo estabas.

—Estaré mal si te vas. Acompáñame un rato...

Caminó hacia la cocina. Ella lo siguió. Cogió la cafetera para encenderla y trató de abordar cualquier tema.

—Explícame, ¿tener una abuela sobreprotectora es una gran bendición?

—Tal cual.

—Pero tener una madre obsesiva es una gran tragedia.

—Sí.

—Entonces ¿a un niño a veces le hace bien que lo consientan y a veces no? ¿Cómo explicas eso?

—Trae la computadora. Quiero mostrarte algo.

Dudó un segundo. Estudiar en ese momento estaba fuera de contexto, pero él lo había propiciado y, por otro lado, tendría una excelente excusa para acercarse a ella en la completa intimidad de una cocina a la una de la mañana.

Fue a la sala, trajo la máquina electrónica y la conectó en la cocina. Estaba nervioso. Kelda se paró frente al monitor esperando que terminara de cargarse el sistema operativo. Xavier la admiró de pies a cabeza. Traía un vestido moderno, con el dobladillo debajo de las rodillas, pero pegado al cuerpo. Se asombró de sus bellas formas. Cualquiera diría que jamás había dado a luz a un hijo. Kelda comenzó a teclear.

—Dos expertos en computación trabajaban con nosotros —dijo—. Quiero que observes el video en multimedia que comenzamos a desarrollar con ellos. No tomará mucho tiempo.

—Tengo toda la noche.

Sirvió las tazas de café mientras Kelda tecleaba. Él terminó su menester primero y se dedicó a admirarla dejando volar la imaginación que, en forma extraña, había enloquecido por completo. Se visualizó tomándola por la cintura para oler la frescura de su cabello y besar su largo cuello. Imaginó que Kelda cerraba los ojos y se inclinaba hacia atrás en un sensual ademán de entrega. Luego giraba y él la besaba apasionadamente.

Estaba temblando. Hizo un movimiento con el brazo y la azucarera cayó al suelo. Por fortuna, era de plástico. Terminó de recoger el recipiente y limpiar el piso justo cuando ella lograba cargar el archivo deseado.

Le llevó una taza de café y se sentó a su lado.

16
LA INDEPENDENCIA GRADUAL

El video formaba parte del material para capacitar a los padres. Se titulaba "Etapas de transición". Al inicio tenía música futurista y el logotipo DMF en movimiento avanzando desde el fondo de una galaxia. Después se mostraban varios niños jugando en un parque de diversiones, cerca de sus papás. Xavier recordó la escena de Huguito, en el restaurante de comida rápida.

Las imágenes se alternaban con el texto.

El narrador decía:

Mucha gente se pregunta si en verdad es malo consentir a los niños. La respuesta es *no*. Prodigar amor y cuidados excesivos es bueno cuando se tiene claro el concepto de "etapas de transición".

La vida está llena de pequeños saltos, para cada salto hay un periodo de preparación y un momento decisivo.

Piense en las metas que su hijo necesita alcanzar: Caminar, hablar, dormir solo, controlar sus esfínteres, bañarse, vestirse, respetar horarios, leer, escribir, andar en bicicleta, hacer sus tareas, manejar un auto, conseguir un trabajo, formar su propia familia... Cada meta tiene un periodo de preparación y un salto final que sitúa al chico en un nuevo grado de independencia. Bien. La función de los padres es ayudar a sus hijos a dar esos saltos.

Es dañino consentir a un hijo cuando, por miedo, no le permitimos dar el salto hacia una conducta autónoma. Está bien mimar al pequeño, darle de comer en la boca y sobreprotegerlo, si tiene dos años de edad, pero no está bien hacerlo si tiene seis. El consentimiento es necesario durante las etapas iniciales, pero pernicioso si impide la transición hacia etapas de independencia.

Vea este caso (se ilustra con imágenes): Juanito, de cuatro años, le tiene miedo a la oscuridad. Todas las noches se levanta y se mete a la cama de sus padres. Como ellos desean que se convierta en un creador de obras geniales, no lo regañan ni lo intimidan, por el contrario, lo abrazan y lo aceptan cariñosamente en la cama, pero comienzan a prepararlo para que supere esa conducta: Le plantean el reto de dormir solo y le prometen un premio si lo logra. Cada noche se muestran más exigentes. Cuando, al fin, Juanito consigue despertar en su propia habitación, le aplauden, lo festejan, le dan un regalo y lo hacen sentir el rey por haber superado ese reto. A partir de entonces, los padres ya no permiten recaídas. Fueron consentidores antes de la transición, pero firmes después de ella.

Un buen padre prepara a su hijo con paciencia y amor antes de cada salto; está presente en los momentos de transición; después, se hace a un lado para dejar a su hijo caminar solo.

Un mal padre no prepara al niño y adopta cualquiera de estas actitudes incorrectas: Lo presiona a que "dé el salto" con gritos y malos tratos, convirtiéndolo en tímido e insociable, o hace todo por él, coartándole su iniciativa y volviéndolo un inútil arrogante.

(Marlene Cervantes aparece en el monitor para dar las conclusiones):

Un papá que, por pereza, no enseña a su hijo a conducir un auto y le exige que lo haga, puede provocar un accidente fatal. Por otro lado, llevarlo en coche siempre, para que no corra riesgos, puede causarle un complejo de ineptitud.

La vida de una persona tiene diversas etapas. La superación personal consiste en vivir intensamente cada etapa, prepararse para la siguiente y saltar... saltar hacia la conquista de conductas independientes una y otra vez.

Quien está presente en las etapas de transición del niño, se convierte en su maestro de vida. Un buen padre es primero un buen maestro y un buen maestro se vuelve, gradualmente, innecesario.

Sea buen maestro: Permanezca cerca de sus hijos pero déjelos aprender, experimentar, sin darles instrucciones exageradas; enséñelos a defenderse solos, ayúdelos a tomar decisiones y déjelos sufrir las consecuencias de sus equivocaciones; disimule cuando se hieran ligeramente y estimúlelos para que se levanten una y otra vez. ¡Los padres somos responsables de sembrar en ellos la semilla del éxito y no hay éxito posible con dependencia y sobreprotección!

Ponga mucho cuidado en las etapas de sus hijos.

Estancarse en una etapa es dejar de crecer. Brincársela es dejar de vivir.

Apareció nuevamente el logotipo animado.

—Qué interesante —dijo Xavier—, me gustaría enseñárselo a mi mamá. Sí, ya sé que en ella, por ser abuela, se justifica un poco que consienta a sus nietos, pero como Roxana y Hugo no tienen padres eficientes, la influencia de mi mamá es muy importante.

—¿Y cómo está Roxana?

—Mejor. No la justifico aunque, hasta cierto punto, entiendo su rebeldía. Tiene muchas razones: padre ausente, madre suicida, abuela consentidora.

El ambiente se congeló, cual si el duende del polo norte hubiese lanzado su gélido vaho sobre la casa.

—¿Dijiste —titubeó—, dijiste madre... suicida?

Xavier apretó los labios. Se puso de pie y caminó hacia un rincón de la cocina. Si quería acercarse a Kelda, debía comenzar por quitarse sus máscaras.

—No te lo había dicho... Mi esposa era una mujer bella. Se parecía a ti. Un poco más robusta pero de facciones similares.

Hizo una pausa. Últimamente, había percibido cómo afloraba de su subconsciente un negro sentimiento reprimido. Se atrevió a externarlo por primera vez:

—Ximena era doctora y sabía cómo quitarse la vida. Ingirió un frasco entero de tranquilizantes y se acostó a dormir junto a mí. ¿Sabes qué le reprocho? ¡Que ni siquiera se despidió esa noche! No hicimos el amor, -teníamos varios meses de no hacerlo-, no me besó, ni me dijo que había disfrutado la vida a mi lado. Simplemente se durmió para no despertar. Fue terrible. Puedo decirte que el suicidio de un familiar es el sufrimiento más lacerante que puedes sentir, porque atenta contra tu propia valoración. No sé si me explico. Cuando robaron a mi hijo creí que el dolor me mataría; pero, cuando vi a Ximena sin vida, el suplicio fue más allá del dolor. Con su muerte ella me dijo: "Eres una nulidad, podrías no existir, te considero incapaz de llenar mi vacío, no representas un motivo suficiente para que yo siga viviendo." Roxana recibió el mismo mensaje de desprecio, rechazo y castigo injusto.

Una lágrima de ira se le escapó; a pesar de ello, sintió alivio. Era como si hubiese extraído, al fin, una fiera sanguijuela metida en su pecho desde hacía años.

—Los ladrones de mi hijo me apuñalaron el corazón —siguió—. Ximena movió el puñal. La sepulté en la sierra de Chihuahua y las autoridades, a pesar de tener evidencia del suicidio, me levantaron cargos por sospecha de asesinato. La búsqueda de mi hijo pasó a segundo plano. Estaba tan desmoralizado que, después de engorrosos trámites, los policías me dejaron partir con la condición de que nunca más volviera por esa zona.

—Xavier, yo no sabía...

—Soy un cofre de sorpresas —sonrió—, la mayoría desagradables.

—No digas eso.

—Lo soy... A veces siento que me he estancado sin poder superar esta etapa de mi vida. Lo mismo le debe ocurrir a mi hija.

Kelda apagó la computadora. Un silencio total los inundó. Se miraron.

En la casa, con toda seguridad, las dos únicas personas en el piso de arriba ya se habían dormido. Era la una treinta de la mañana y nadie bajaría a esa hora por la escalera. Estaban solos. La afinidad inicial se había convertido, a esas alturas, en un gran afecto.

—¿Cómo puedo ayudarte?

—No sé. Estoy desesperado. Me persiguen muchos fantasmas. Necesito dar un salto, como dice el video, para superar mi pasado.

Kelda asintió muy despacio. Se levantó y caminó hacia él. Lo observó de frente, a un metro de distancia.

—Como mujer profesionista tengo muchos motivos para estar feliz. La escuela está a salvo, el sistema se impondrá a la larga y propondrá un nuevo estilo de educación... pero, como persona... no voy a sentirme bien hasta verte bien a ti.

172

—¿Por qué?

Ella no contestó de inmediato. Se dio su tiempo. Adelantó su cuerpo un poco más, susurrando:

—¿Por qué crees?

—¿Por... qué... cre... o? —tartajeó Xavier.

Kelda, ruborizada, pero decidida, se había acercado demasiado. Sus cuerpos casi podían rozarse. Él la tomó por la cintura justo como lo había visualizado y, para su sorpresa, el contacto con ese cuerpo le resultó mucho más agradable y excitante que la mejor de sus visualizaciones. Se quedó paralizado. Kelda tomó la iniciativa. Despacio, acercó su boca a la de él y lo besó con suavidad. Fue cual si arrojara un cerillo a un recipiente de combustible. Xavier despertó como un oso hambriento que ha hibernado más tiempo de la cuenta. La abrazó y la besó, pero de manera tan efusiva y descontrolada que la pasión de sus caricias y el fuego de sus movimientos estuvieron a punto de hacerlos caer.

Después de unos segundos se separaron. Tenían lágrimas en los ojos, el rostro encendido, la respiración agitada. Habían sufrido mucho y estaban dispuestos a olvidar por unos momentos el estrés y los problemas sumergiéndose, hasta el paroxismo, en las majestuosas aguas del amor.

Xavier la tomó de la mano y caminó con ella hacia la sala. Ambos se necesitaban, se deseaban como pueden desear un vaso de agua los errantes del desierto. Comenzaron a besarse otra vez dejando que sus cuerpos se avivaran, que sus almas se enlazaran, que sus manos acariciaran. Esta vez él fue menos brusco y en conciencia mutua de lo que estaba sucediendo, se dejaron caer lentamente en el sillón de la sala.

Entonces sonó el teléfono.

Él se separó como si hubiese recibido una descarga eléctrica.

—Déjalo sonar —sugirió Kelda—. No te vayas...

Pero el rostro de Xavier se había descompuesto.

Fue hasta el teléfono.

Escuchó carcajadas de un adulto y el llanto de la niña otra vez.

Colgó el aparato.

—¿Qué te pasa?

Le platicó a su amiga los detalles de las últimas llamadas.

Kelda respiro hondo, intentando equilibrar los ingredientes químicos de su cuerpo enardecido con los elementos lógicos de su mente contraída.

—Debemos darle fin a todos esos problemas.

—No son "esos" problemas, es "ése". Uno solo: los Malagón.

—Pues resolvámoslo de una vez. La oscuridad tiene que pasar ya. Quiero que empecemos juntos un día soleado.

La metáfora hizo a Xavier mirar el reloj; era la una cuarenta. Si los moradores de la casa amarilla se percataban de haber sido descubiertos, acontecimiento obvio entre toda obviedad, limpiarían la bodega o, al menos, retirarían de ella los objetos relacionados con algún delito.

Debía apresurarse. Solicitaría una inspección al inmueble esa misma noche y muy probablemente atraparían a los malhechores en posesión flagrante de piezas incriminatorias. Entonces la pesadilla terminaría. Besó a Kelda otra vez, con menos pasión pero con más amor.

—Voy a dejarte en tu casa e iré a la estación de policía. Necesito moverme rápido; ahora más que nunca. Quiero comenzar una nueva vida, pero no sin antes echar cerrojo a los conflictos de mi pasado.

Ella asintió. Le ayudó a subir la computadora robada al coche.

Durante el trayecto hacia la casa de Kelda, ninguno habló.

Antes de bajar le pidió:

—Cuídate, por favor. Esta noche dejamos algo pendiente.

Xavier la besó y esperó hasta que entrara en su casa antes de partir.

La calle estaba desierta. Condujo velozmente, pero con cautela, mirando el espejo retrovisor con más frecuencia de la necesaria. Llegó a la delegación policiaca, estacionó el coche y se cercioró tres veces de que quedara bien cerrado. Casi corrió para cruzar la calle. Entró a las oficinas y omitió anotarse en la lista de agraviados en espera de turno para levantar querellas. Estaba dispuesto a saltarse los burocráticos procesos legales.

Entró al privado de la policía. Echó de menos a aquel buen comandante que, cuatro años atrás, le brindó su amistad y apoyo para buscar a su hijo. Era una lástima que hubiera muerto.

—Buenos días, ¿puedo hablar con el jefe?

—Yo soy. ¿Qué se le ofrece?

—Necesito ayuda...

—¿Sí?

—Hace poco, varios sujetos armados asaltaron nuestras oficinas. Se llevaron computadoras y dinero. Les seguí la pista y encontré el lugar donde se reúnen. Estuve ahí. Saqué una computadora como prueba. La traigo en el carro. Necesito que me acompañen a hacer una inspección ahora mismo.

—¿A qué domicilio?

Mencionó la colonia, la calle que desembocaba al canal del desagüe y la casa amarilla.

—No pertenece a esta jurisdicción —dijo el burócrata—. ¿Ya solicitó apoyo en el municipio correspondiente?

—No, porque el acta se levantó aquí y ustedes tienen autoridad regional.

—De acuerdo. ¿Quiere que haga un movimiento policiaco a esta hora para invadir una propiedad privada sin orden de cateo? ¿Sabe lo que me está pidiendo?

—Sí.

—¿Puede sufragar los gastos del operativo?

Palpó las bolsas de su pantalón. En la cartera sólo cargaba una tarjeta de crédito.

—No, pero si encontramos las pruebas que buscamos, me recompensarán y yo los recompensaré a ustedes.

—¿Cuál es su número de averiguación previa?

—¡No recuerdo el número, pero debe creerme y ayudarme!

—¿Su nombre y la fecha en que levantó el acta?

Suspiró. Le dio los datos. El sujeto abandonó su silla con lentitud. Xavier comprendió que sin dinero en efectivo recibiría una negativa. Podía olfatearlo. ¿Por qué la policía era tan impredecible? Mientras unos arriesgaban la vida, con verdadera vocación de servicio, otros sólo estaban dispuestos a proteger al mejor postor.

Caminó por la oficina mientras esperaba. Sobre la mesa lateral vio un enorme libro de pasta dura rotulado con etiquetas desgastadas: "Elementos de brigada por zonas"; a la cabeza de cada página, había

175

una letra "Z" seguida de un número; debajo, organigramas con retratos en blanco y negro tamaño credencial. Pasó las hojas detectando cierta similitud en la forma de mirar a la cámara de todos los policías judiciales. Localizó la fotografía del hombre que lo estaba atendiendo y se rió por lo poco fotogénico que era. Pasó varias páginas observando distraídamente; después volvió al escritorio. De pronto se quedó inmóvil. Creyó haber visto... Regresó sobre sus pasos. ¿Sería posible? Abrió de nuevo el libro y pasó las hojas con rapidez hasta llegar a la zona treinta y nueve. Se fijó con detenimiento en uno de los recuadros. El asombro le quitó el aliento... ¡Ahí estaba, ni más ni menos, el tipo de cabello rojo, al estilo afroantillano, que conocía a su hija! Algo no concordaba. ¿Era policía? Miró la fecha del compendio. Dos años atrasado... ¿Fue policía y ahora se dedicaba a la delincuencia? ¿O fue delincuente y había conseguido, al reformarse, un puesto policiaco? Las alternativas sonaban disparatadas. Verificó, en el índice, las ciudades abarcadas por la zona treinta y nueve: Hidalgo del Parral, Guazapares, Guazarachic... todas poblaciones cercanas a... ¡la sierra de Chihuahua! Sintió que le faltaba el aire.

El comandante volvió a entrar y lo encontró revisando el libro.

—¿Qué está haciendo? No puede tocar eso.

Xavier lo ignoró mientras analizaba la fotografía del pelirojo junto a una clave que lo remitía al pie de página. Buscó la referencia. Era policía auxiliar y se llamaba... ¡Artemio Malagón...! sin ningún apellido más.

Recordó la conversación con Castillo:

—*Descubrí varios de sus sitios de operación y desarmé a casi toda su banda, sólo que nunca lo atrapé a él.*

—*Porque se ocultó en el único lugar en el que jamás buscaste...*

La policía.

El comandante cerró el libro de un golpe y repitió amenazante:

—Nadie fisgonea en nuestros archivos.

El abogado se irguió lleno de furia, recelo, odio y asco. Resultaba evidente que los Malagón habían logrado un sucio contubernio con la autoridad. El comandante retrocedió, desconcertado por el gesto de Xavier.

176

—Ya ordené que le den preferencia a su caso. Mañana enviaremos a un grupo de agentes. Si hallamos algo, le llamaremos para que venga a declarar.

—Pero debo asegurarme de traer dinero, ¿verdad? No, gracias. Yo investigaré y, si encuentro algo, avisaré, pero no a ustedes sino directamente al Procurador general.

—¡Espere, no se vaya!

Xavier salió a grandes pasos, sin detenerse. Fue hasta su coche. Dos tipos sospechosos estaban recargados en el vehículo. Iba tan enojado que los encaró, dispuesto a contestar cualquier provocación. Los desconocidos se apartaron.

Subió al auto y condujo sin dirección específica.

Trató de conectar los cables sueltos.

En la sierra de Chihuahua, el agente auxiliar que le levantó cargos, por sospecha de asesinato de su esposa, tenía el cabello muy corto, pero... ¡rojo! Sólo lo vio dos o tres veces durante los escrutinios. ¡Había sido Artemio, en su faceta de policía! Posteriormente el comandante lo instó a retirarse de su jurisdicción, asegurándole que en esa zona no se practicaban delitos como los que andaba buscando.

Al dar la vuelta en una calle solitaria, encontró una camioneta negra atravesada, obstruyendo el paso. Un joven le hizo señas para que se detuviera. Lejos de disminuir la velocidad, aceleró con decisión. Se subió a la banqueta obligando al muchacho a saltar para no ser arrollado. A partir de ese instante manejó con mayor velocidad.

El crucigrama lo atormentaba. Había muchas líneas sin resolver.

Revivió mentalmente la llamada telefónica de la niña llorando. Había parecido la voz de una chica de ocho o diez años; pero, ¿y si se equivocaba? Los varoncitos de menor edad suelen tener una fonación tan aguda como la de las niñas. Con frecuencia cuando se llama por teléfono a una casa en la que hay dos hermanos, una niña grande y un niño menor, es casi imposible reconocer quien contesta a la primera. Quizá no oyó la voz de una niña de diez años pero sí la de un niño de cinco. ¿Qué significaba eso?

El recuerdo del llanto lo afligió. Tal vez porque le resultaba... ¿familiar? ¡No! Negó con la cabeza y cerró los ojos, apretando el volante. Si su hijo estaba vivo tendría ocho años... ¡No podía llorar así! A menos que... se tratara de una grabación... ¡La grabación de su llanto hecha cuatro años atrás, cuando recién había sido secuestrado! Frenó el automóvil con violencia y lo orilló.

—¡No! —gritó—. No, no, no... —abrió la portezuela y salió a la calle solitaria. Caminó alrededor del coche respirando el aire fresco de la noche. Debía actuar como un profesional. No dejarse llevar por las emociones. Mover la siguiente ficha con cuidado...

Volvió al coche y condujo despacio.

Tenía, dentro del estéreo, una de las cintas que Marlene Cervantes le había prestado junto con el instructivo DMF para padres. Encendió el aparato. El casete comenzó a sonar. Trató de despejar su mente poniendo atención a la grabación. Siempre que estudiaba esos materiales, las preocupaciones urgentes se minimizaban ante el descubrimiento de sus colosales fallas paternas, pero esta vez no pudo concentrarse. Estaba preocupado, atemorizado al grado de la enajenación.

La cinta recitaba:

Cuentan que un misionero estaba evangelizando a los negros del África y les mostraba pinturas dantescas de cómo los pecadores se consumían en las llamas del infierno. De pronto, uno de los nativos comenzó a reír y susurrar al oído de sus amigos. Los murmullos se extendieron y toda la tribu comenzó a reír. El predicador preguntó: "¿Qué les pasa? ¿No les dan miedo estas imágenes?" El interprete contestó sonriendo: "Sí; pero, ¿ya se fijó, Padre? ¡Todas las personas que están en el infierno son blancas!"

Los bebés sólo nacen con dos temores: A los ruidos sorpresivos y a caer al vacío. El resto de los miedos se aprende. Somos los padres, en nuestra incultura, quienes imponemos limitaciones a los niños.

Al chico que se tropieza, su madre le dice: "¿Ya ves? ¡Por desobedecerme, Dios te castigó!" y el niño llora con verdadero terror pensando: "¿De veras, Dios me castigó?" Así aprende a temer a quien debería amar.

Padres supersticiosos hacen hijos miedosos. Padres seguros y preparados hacen hijos grandiosos.

178

Xavier se consideraba un hombre preparado y seguro. Consultó su reloj. Las dos treinta de la mañana. Si actuaba con rapidez, aprovecharía las mejores horas de la madrugada.

Llegó a la casa de su madre. Bajó del auto y fue a su habitación. Buscó entre sus herramientas... Cámara fotográfica, linterna y algo que guardaba con llave en un estuche al fondo de su maleta: una pistola.

Fue de nuevo a su coche y manejó resuelto hacia la casa amarilla.

Una cauta voz interior le gritaba que no lo hiciera, que insistiera, pidiendo ayuda a la policía; pero otra voz más enérgica le recordaba que el "agente" Artemio, con toda seguridad tenía conexiones con la autoridad local, así que la única forma de hallar pruebas para el Procurador, era volver a esa casa antes de que amaneciera. ¿De que serviría promover un registro a aquel inmueble si los policías avisaban a sus socios para que desaparecieran cualquier evidencia delatora?

La voz precavida insistía: "Es peligroso. Si los Malagón te sorprenden en su centro de reuniones, no van a tentarse el corazón para asesinarte y arrojar tu cuerpo al canal".

Todas sus células vibraban con el nerviosismo de un atleta que está a punto de iniciar una competencia olímpica.

La contraparte osada respondía: "Debes ir. Es más peligroso quedarse con los brazos cruzados esperando que esos pervertidos hagan su siguiente jugada".

La voz prudente se dio por vencida: "Al menos hubieras escrito un recado informando a tu madre lo que planeas hacer, para que, si desapareces, sondeen el canal de aguas negras, después".

Una cosa era innegable: Mientras existiera la posibilidad de hallar a su hijo con vida, no dudaría en arriesgar la suya.

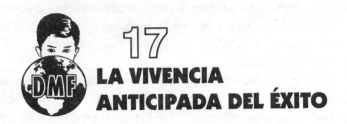

17
LA VIVENCIA ANTICIPADA DEL ÉXITO

Condujo con seguridad hacia el barrio bajo.
El casete de Marlene se oía con una cadencia ininterrumpida.

Muchas madres se especializan en transmitir inseguridad a sus hijos, vaticinándoles constantemente con voz de alarma: "Te vas a caer", "te vas a lastimar", "vas a perder tus cosas", "vas a enfermar" "se van a burlar de ti". Usan la vivencia anticipada para endilgarles profecías de ruina y, como el cerebro es una computadora que procesa de igual manera información positiva y negativa, los niños terminan cayéndose, lastimándose, perdiendo sus cosas, enfermándose y convirtiéndose en el hazmerreír de todos.

¡Alerta! Padre, maestro, pronosticarle a un niño que le sucederá algo malo es igual a maldecirlo. ¡Nunca maldiga a un pequeño! Cuide su forma de hablar. Señale los peligros, pero jamás profetice resultados indeseados. En vez de amenazar con un "te vas a caer" diga "hazlo con cuidado". Si la situación es más grave prevenga: "Te puedes caer", pero nunca *te vas a...* Porque él *se va a...* lo que usted le diga que *se irá a...* La energía atómica puede construir o destruir; la vivencia anticipada también.

En un famoso experimento, se eligieron al azar varios niños con capacidades ordinarias, informándoles, tanto a ellos como a sus maestros, que habían sido seleccionados por sus facultades intelectuales sobresalientes. Los profesores de esos chicos, al creerlos especialmente dotados, pusieron más empeño en enseñarles y los niños, a su vez, se esforzaron mucho más en aprender. Al final del curso este grupo, supuestamente más avanzado, superaba en realidad a todos los otros. Al principio esos niños no poseían ninguna capacidad extraordinaria; sin embargo, las expectativas creadas, tanto de los maestros como de ellos mismos, marcaron un abismo de diferencias.

Un niño sobresaliente debe tener a su alcance herramientas de estudio, aparatos, estímulos; pero, sobre todo, maestros que le demuestren su confianza, haciéndolo sentir que creen en él y que esperan mucho de él.

Por su mente ofuscada pasó la idea de que tales conceptos merecían ser analizados con más calma, en otro momento, con la claridad de juicio que sólo surge en momentos de paz, y esos distaban mucho de serlo. No podía escapar de sus turbadores pensamientos que giraban entre la llamada anónima, los comandantes que protegían delincuentes y el niño llorando.

Su cerebro bullía, su presión arterial había aumentado, su boca estaba seca. Siguió oyendo la cinta, pero sin escucharla.

Llegó a la zona de terracería y disminuyó la velocidad. Antes de ver el canal de aguas negras apagó la luz del vehículo y viró en la esquina, casi a vuelta de rueda. Los coches que unas horas antes se encontraban frente a la casa amarilla ya no estaban. La finca parecía abandonada, quieta, con todas las luces apagadas. Dejó el auto en el recodo de la siguiente calle y giró la llave del motor. Lo inundó el silencio. Inhaló y exhaló varias veces. Luego, se colgó la cámara fotográfica del cuello, acomodó la pistola en el cinturón, tomó la linterna, abrió la portezuela y salió. Su mente le repetía en retrospectiva, quizá como una forma de evadirse al temor, las palabras de la cinta:

Cuentan que los padres de un gran líder nacional, le dijeron a su hijo cuando era niño: "Tú llegarás a ser presidente del país". El niño creció con ese parámetro de referencia. Cuando, comiendo, se ensuciaba la ropa, su madre lo cuestionaba: "¿Tú crees que un futuro presidente comería como tú lo haces?" Durante toda su vida tomó decisiones en base a preguntas concretas: "¿Cómo haría sus tareas escolares un gobernante del mañana? ¿Qué habilidades desarrollaría? ¿Qué libros leería? ¿Qué carrera estudiaría?"

La vivencia anticipada es poderosa. Puede convertir a cualquier niño en presidente, artista famoso, empresario trascendente, dirigente del mundo... Si vistes como un vago, hablas como un vago y actúas como un vago, no pretendas convertirte en médico cirujano. Un joven que a los diecisiete años ahorra, hace negocios y lee las biografías de los millonarios del mundo, suele amasar una fortuna a los treinta y cuatro. La grandeza comienza a gestarse desde la infancia y, a partir de la juventud, se manifiesta en actitudes y hechos concretos. Para obtener grandes resultados, empieza por cerrar los ojos, visualizarlos con todo detalle, después actúa como si estuvieran al alcance de tu mano y sólo necesitaras de tiempo para conseguirlos. En esta fórmula mágica la palabra clave es "actúa": Habla, muévete, estudia, prepárate, practica, *compórtate,* en suma, como la persona que te gustaría llegar a ser, antes de serlo. Eso te hará dirigente con firmeza hacia tu objetivo. La vivencia anticipada marca los derroteros del barco y el estilo de vida de las personas.

Cuando llegó hasta el garaje, sacudió su cabeza y se concentró en el problema que tenía enfrente.

Él había dejado la puerta metálica abierta y la lámpara de trabajo encendida. Ahora la puerta estaba asegurada con un trozo de alambre recocido y la luz interior apagada. Esperaba encontrar algo así, pero de cualquier modo lo invadió una oleada de temor.

Echó un vistazo a los alrededores. Todavía estaba a tiempo de huir. Una vez que entrara a ese sitio, su vida daría un giro. Lo presentía, pero razonó que cualquier cosa era mejor que seguir viviendo en el borde de un abismo.

Se armó de valor. Destrenzó el alambre para entrar a la bodega. Encendió su linterna.

Las computadoras robadas ya no se encontraban ahí; al menos no en el mismo sitio. Habían acomodado los papeles sobre la mesa de trabajo y vaciado el contenido del tambo en dos enormes bolsas negras, listas para ser arrojadas al camión de la basura. El diploma de Lucio continuaba en su lugar. Todo parecía normal. De haber insistido en que la policía hiciera una inspección al lugar, sólo hubieran hallado un cuarto de herramientas como cualquier otro.

Se agachó para alumbrar por debajo de los muebles. Las ratas no se habían movido; el proceso de limpieza no había llegado tan a fondo. Vio las asquerosas crías negras, con sus ojos cerrados y la enorme madre mirándolo retadora sin moverse un milímetro de su nido. Xavier era el intruso y ambos lo sabían. Apagó la linterna, salió decepcionado del recinto y volvió a enroscar el alambre en los dos orificios de la chapa. El patio estaba desierto. El perro sarnoso dormía. Caminó rumbo a su coche, pero sintió como si la casa amarilla lo observara. Las ventanas se le figuraron dos ojos rasgados y la puerta una boca abierta en son de burla.

Regresó para echar un vistazo. El interior estaba en total oscuridad. Pensó en romper un vidrio o forzar la cerradura, pero le pareció demasiado arriesgado. Podían atraparlo dentro y acusarlo de intento de robo. Sólo por curiosidad se dirigió al acceso principal y giró el picaporte. La puerta se abrió.

El corazón le dio un vuelco. La resaca de pánico regresó.

¿Por qué se habían esmerado en escombrar la bodega y cerrar con un alambre el viejo cancel, pero en cambio habían dejado libre el acceso a la casa? ¿Estarían esperándolo, listos para matarlo con el subterfugio de haberlo sorprendido irrumpiendo en su propiedad? Había otra posibilidad más deseable pero no menos peligrosa: que personas dormidas ahí adentro hubieran olvidado cerrar con llave.

Sudaba copiosamente.

Empujó la puerta y encendió la lámpara desde afuera. Alcanzó a vislumbrar una grabadora portátil colocada junto al teléfono. Sin duda, desde ahí lo llamaron y, si no se equivocaba, dentro de ese aparato debía estar aún la grabación del niño pidiendo auxilio. Apagó la linterna y entró. El reflejo de las luces de la ciudad en el cielo aclaraba la noche. Un olor acre, como de pelo quemado, se introdujo a su nariz. Quiso estornudar pero se controló. Aguantó la respiración y esperó inmóvil durante varios segundos. Razonó que, si se tropezaba en la penumbra, podía provocar un estrépito similar al que hizo cuando dejó caer el gabinete en el garaje. Encendió su linterna apuntando hacia el suelo y recorrió la estancia lentamente. De pronto las vio. Ahí estaban. Las computadoras robadas.

A los rateros les faltaba imaginación. Habían removido la principal evidencia incriminatoria de la bodega para ponerla en la casa. Se dirigió al teléfono. Oprimió el botón expulsor de la grabadora y al instante comenzó a escucharse el mismo llanto que había oído en la llamada anónima. Dio un manotazo para apagar el aparato. Se había equivocado de tecla. Cerró la linterna y guardó silencio. No escuchó nada. Al cabo de un rato volvió a encender la pequeña luz. Se cercioró antes de oprimir el pulsador correcto. Sacó la cinta de la grabadora y se la echó a la bolsa.

La lengua se le había pegado al paladar. Esa vez, el llanto le había parecido mucho más fácil de identificar: Era su hijo Max.

Ellos se lo habían robado. No tuvo duda. Ahora la pregunta era: ¿Estaba vivo?

Como autómata, tomó su cámara y fotografió las computadoras. El potente flash iluminó la estancia por un segundo. Repitió dos veces la operación. Notó en forma repentina la presencia de alguien. Giró la cabeza. Detrás de él estaba un hombre de pie, observándolo.

Era Artemio con su cabello encrespado.

Cerró los ojos y los volvió a abrir.

Respiró. La imagen se desvaneció en la penumbra. Había confundido la sombra de un librero macizo con una persona. Creyó que alrededor suyo cada silueta se convertía en un criminal. Trató de calmarse. Fue al mueble y abrió los cajones. Encontró papeles, muchos papeles desordenados. Sacó algunos. Eran bocetos a lápiz arrugados, cenizos y descoloridos con una técnica en la que predominaba el claroscuro. Por un momento quedó estático frente a lo que estaba viendo: Un dibujo de Kelda. Se inclinó hacia delante preso de una efervescente incredulidad. Había varias ilustraciones de su amiga: Kelda de perfil, inclinada para mirar a través de una lente como de telescopio, Kelda abrazando a su hijo, Kelda dando clase, ataviada con un vestido recto. Las preguntas lo asaltaron. ¿Por qué? ¿De quién? ¿Para qué?

Abrió otro cajón, conteniendo el aliento. Había recortes de periódico. Conocía algunos de los titulares: "La policía descubre campamento clandestino para experimentos con niños". "¡Devuélvanme a mi hijo!, piden Xavier y Ximena Félix". "Escapan los responsables de la secta secuestradora de jóvenes". "¡No pararé hasta verlo en la cárcel! —declara el ingeniero Ángel Castillo". El último recorte mostraba una fotografía de su hijo extraviado. Él y su esposa la habían publicado durante casi un año en todos los periódicos del país. Observó la foto varios segundos sintiendo cómo la tristeza, la frustración, la rabia, le cerraban la garganta. Sobre ella alguien puso una marca roja con plumón, igual a la estampada en el retrato de Roxana, rescatado del garaje. ¿Qué significaba? Tal vez con esa clave los sectarios decidían el destino de sus víctimas.

Dobló con torpeza los papeles y los metió dentro de la bolsa de su pantalón. Siguió inspeccionando. Detrás del librero vislumbró una cubeta tapada. La abrió y percibió el fuerte olor de un solvente químico. Leyó la etiqueta. La sustancia era inflamable. Se preguntó si habría sido el mismo material que hizo estallar la casa de los Castillo. Pensó en tirar el bote e incendiar ese sitio, pero descartó la idea, ¡al fin estaba frente a una mina de evidencias! Se agachó y tomó una fotografía de la cubeta.

Entonces escuchó un gemido largo y grave. Giró como un venado que percibe la presencia del cazador.

Un hombre estaba parado ahí.

Lo iluminó con la linterna y la sombra se desvaneció de nuevo.

"¿Qué pasa? ¿Me estoy volviendo loco?"

El gemido volvió a escucharse. Tal vez sus ojos lo engañaban; pero, en definitiva, sus oídos no. Alrededor de la estancia había tres puertas abiertas; una debía comunicar con la cocina y las otras dos con las recámaras. Se acercó para alumbrar cada cuarto. El primero estaba vacío, el segundo también, mas en el último había formas extrañas... Bultos humanos. Los alumbró. Eran cuatro personas dormidas. Pero, ¿por qué en el suelo? ¿Por qué torcidos de forma tan rara? Tal vez estaban muertos. Dio un paso y les enfocó el rostro. Se trataba de jóvenes flacos con labios acartonados y ojos entreabiertos, mostrando un segmento de la blanca córnea. Estaban drogados. Reconoció en ellos el estado físico del jovencito que había atropellado. Era idéntico.

Fuera de esos cuerpos, no había nadie más en la casa. Regresó a la sala, echó un último vistazo y denotó la reveladora forma de un microscopio en el último estante del librero. Lo observó en la penumbra. Acababa de verlo, ¿pero, dónde? Quizá en... ¿un boceto en claroscuro? ¿Alguien dibujó a Kelda trabajando con ese aparato?

Le recorrió un escalofrío.

186

Sacó los papeles arrugados de su pantalón y les dio luz buscando a toda velocidad. ¡Los bocetos a lápiz no retrataban a Kelda, sino a Ximena! Percibió que su sentido cinestésico le fallaba. ¡Era Ximena trabajando en el Hospital Primario de Oriente! Los esbozos fueron hechos por un fanático admirador que la había contemplado laborar durante horas. Repasó los dibujos. El que había creído un telescopio era, en realidad, un microscopio; el vestido recto con el que supuestamente daba clases, era una bata de doctora y el niño a quien abrazaba, era su propio hijo, antes de que se lo robaran.

Los visos de entendimiento le quitaron el equilibrio. Tuvo que apoyarse para compensar el mareo.

Se imaginó a Lucio Malagón dibujando a Ximena con todo cuidado mientras ella daba una conferencia; pintándola mientras trabajaba en el laboratorio, esbozándola mientras abrazaba a Max a quien llevaba de visita al hospital todos los sábados. Los dibujos eran cuidadosos. Se adivinaba en ellos una especie de pasión malsana, de deseo reprimido.

De pronto se encendió la luz del techo. El pánico se convirtió en una presencia real. Alguien había llegado y esta vez estuvo seguro de que no era su imaginación.

—¿Conque te atreviste a regresar, perro desgraciado?

Entrecerró los ojos deslumbrado por la excesiva claridad.

Iba a sacar la pistola del cinturón cuando una barra de madera se le estampó en la nuca. Cayó contra la mesa, empujándola, y estuvo a punto de desvanecerse; volcó una silla, su linterna se desarmó al rebotar en el suelo; la pistola rodó. Recibió otro golpe en la espalda. Se arqueó, desplomándose.

—Así que encontraste todo —la voz resonó en la sala—. ¿Traías una pistola, cretino de porquería?

Era la misma voz que lo había insultado por teléfono.

—¿Ibas a matarme a mí? ¿O querías jugar a policías y ladrones?

Trató de levantarse pero el sujeto le puso su zapato sobre el cuello. Miró hacia arriba. Lo vio.

Lucio Malagón en persona: alto, calvo, con anteojos circulares, la cara quemada, el labio torcido, la oreja hecha una bola colgante.

Quiso aliviar la presión del zapato tratando de empujar a su verdugo;

pero al instante, éste se separó para patearlo en los riñones. Xavier perdió el resuello.

—¿Qué pretendes, animal?

Quedó boca abajo.

—Si te volteas, te mato.

Obedeció. El tiempo pareció detenerse. ¡Debía moverse, hacer algo, rápido! Pero, ¿qué? Quizá Lucio lo tenía encañonado a pocos metros de distancia mientras preparaba... ¿Qué preparaba? Ese ruido de frascos de vidrio no le auguró nada bueno.

Sintió otra vez el zapato en su nuca y un pinchazo en el brazo.

Le había inyectado alguna droga. Casi de inmediato su mente comenzó a girar y su cuerpo a hundirse en un profundo, enorme, casi infinito agujero multicolor. Sintió que flotaba. Movió los brazos; haciendo un enorme esfuerzo se puso de pie, trastabilló y volvió al suelo dando un sonoro costalazo. La droga aletargó sus músculos, pero despertó en su mente facultades paranormales: Visión sin ojos, memoria fotográfica, dominio del dolor. Podía recordar imágenes del pasado con una asombrosa nitidez, escuchar en forma amplificada cada sonido del lugar, la débil respiración de los cuerpos en la tercera habitación, el roce de la ropa de Lucio al caminar, su propio corazón bombeando sangre.

—¿Qué tal? He logrado sintetizar sustancias que aumentan la inteligencia: dopaminas, endorfinas, acetilcolinas psicodélicas. El cerebro necesita estos compuestos para trabajar. Algunos se producen en el cuerpo; otros, debemos administrárselos. Hay quienes intentan desarrollar el alto potencial de los niños de forma poética —se mofó—. ¡Estúpidos! ¡Sin refuerzos químicos, pierden el tiempo!

—Estás loco... —dijo Xavier arrastrando las palabras—. ¿Qué le hiciste a mi hijo? ¿Qué tenías contra mi esposa?

—¡Ah! Es una historia larga. Yo admiraba a Ximena...

El psiquiatra se sentó en un sillón y guardó silencio, titubeando antes de contarle al prisionero la razón de su condena. Xavier observó entre nubes las feas cicatrices en forma de cordilleras y los repulsivos pliegues en los ojos de ese hombre.

—A Ximena —dijo, pensando en voz alta—, todo le salía bien. Dirigía a los empleados del hospital con seguridad. A veces impartía charlas y yo la dibujaba. Se metió en mi cabeza hasta que me fue imposible dejar de pensar en ella... Nunca tuve suerte con las mujeres y menos con Ximena; era demasiado perfecta y yo... un mediocre —se escuchó un nuevo quejido en el cuarto adjunto; Lucio lo ignoró—. Descubrí mi primera sustancia activa por casualidad. Estaba deprimido. Muy deprimido. Hice una mezcla de dos fuertes medicamentos contra el dolor y me inyecté —comenzó a reír y se puso de pie—. Mi cerebro despertó, tuve ideas gigantes, pude sentir el extraordinario mecanismo de mis neuronas trabajando a la perfección. Ya no era un empleado regular, ¡era un genio! —Recuperó la seriedad y le dio la espalda a Xavier mirando hacia la ventana—. Sabía que ciertos tipos de estupefacientes provocan esas sensaciones, pero yo no estaba drogado, sino bajo el efecto de una verdadera panacea que provocaba más lucidez mental sin secuelas secundarias. Le apliqué ese nuevo fármaco a algunos pacientes desahuciados y, en sus últimos días de vida, estuvieron felices, recordando su pasado, contando chistes, razonando con inteligencia. ¡Hice un gran descubrimiento! Yo mismo me apliqué el tratamiento y empecé a trabajar mejor, a opinar, a destacar por mis aciertos. Al fin, Ximena me volteó a ver. Y yo la quise más que nunca. Un día la invité a salir, pero ella me despreció. Dijo tener una familia extraordinaria, un esposo al que amaba, hijos a los que adoraba y que primero se moriría antes de poner en riesgo el equilibrio perfecto de su vida —dio un puñetazo a la pared—. Y a mí que me partiera un rayo... ¿verdad? Todos saben que el odio se encuentra muy cerca del amor... poco a poco mi idolatría por ella se tiñó de gris —caminó hacia la mesa donde había dejado sus frascos—. Un día, Ximena notó la falta de medicamentos controlados y comenzó a investigar. Cierto compañero chismoso que, por cierto, ya murió —sonrió—, me acusó de haber hecho experimentos prohibidos y mi jefa se alarmó. Hizo un escándalo. No era para tanto; pero, por culpa de ella, me echaron del hospital sin licencia para volver a ejercer. Increíble ¿no? ¡Durante años estudié medicina, alimenté grandes ideales y de pronto me vi en la calle, desempleado y sin dinero! Pensé en recurrir a mi hermano Artemio, pero tenía años de no verlo y, con toda franqueza, no congeniaba con él. Era un bribón. Hacía cosas indecentes. Estuve vagando varios meses pensando en Ximena, en su

189

familia extraordinaria, en su esposo amado, en sus hijos adorados y en el equilibrio perfecto de su vida. Artemio supo lo que había ocurrido y me rescató de la indigencia. Me ayudó a poner mi laboratorio de investigación y todo empezó a mejorar.

Xavier se había acostumbrado a la pesada coordinación motriz de su cuerpo y sintió deseos de saltar sobre el sujeto para destrozarlo.

—Quise darle una lección a tu esposa. La estudié bien. Dejaba solo a su hijo en lugares públicos por largos periodos. Si lo amaba tanto —volvió a reír—, ¿por qué lo descuidaba? Son las rarezas de la vida. ¡Fue tan fácil quitarle al niño! Cuando mi hermano lo vio, se interesó por él. Ya dije que Artemio hacía cosas incorrectas, tenía malas amistades, contacto con traficantes... quiso quitarme a Max.

Xavier se puso de pie. Para su sorpresa, las piernas le respondieron y su cuerpo se mantuvo en equilibrio. Ni el mismo *Lucio-fer* se imaginó la reacción química que produciría tal cantidad de adrenalina mezclada con esa droga. Su fuerza había crecido, su rabia reavivado, sus patrones morales desaparecido. Saltó sobre el psiquiatra, lo agarró por la camisa y puso ambas manos sobre el cuello empujándolo hacia la pared.

—¿Qué le hiciste a mi hijo?

Se desplomaron hacia un lado. Una botella de vidrio cayó con ellos rompiéndose en cientos de fragmentos. En el suelo fue aún más fácil para Xavier seguir apretando. Una sed de venganza obnubilaba sus precarias capacidades. No fue sino hasta que comenzó a sentir que su enemigo dejaba de debatirse, con el rostro azulado por la asfixia, cuando lo soltó. Debía dejarlo vivir para enterarse de lo que había hecho con Max. Lucio estaba inconsciente, pero vivo. Si lograba salir corriendo y conducir hasta la estación de policía más cercana, volvería trayendo, aunque fuera a empujones, a los agentes judiciales, en menos de veinte minutos. Trató de efectuar la huida pero había sobrestimado sus capacidades motoras. En los primeros pasos chocó contra una pared. Retrocedió y volvió a arremeter hacia la salida. La pared se interpuso de nuevo. La analizó incrédulo. No era una pared. Era el cuerpo fornido de un hombre pelirrojo con el cabello rizado al estilo afroantillano.

Un trallazo le reventó la cara. Su mundo se volvió oscuro y confuso. Otro golpazo. Cayó desvanecido.

18
COMPROMISO CON TUS ANHELOS

Imagina que el sujeto que ves, cuando te miras al espejo, es un actor teatral a tu servicio. Imagina tu cuerpo como un ente vivo, distinto a ti, separado de ti a quien puedes disfrazar, para que parezca aristócrata, pordiosero o personifique el papel que desees. ¡Tienes absoluto control sobre él! Pero hay un problema: ese actor es tu representante único y exclusivo ante los demás. Él negocia, tanto tus intereses económicos, como tus relaciones sociales. Si hace malos tratos, aunque tú seas una excelente persona, obtienes bajos rendimientos, porque la gente no te escucha a ti, sólo a él, tu representante. Bien. La magia de la vivencia anticipada se sustenta en el conjunto de formas: gestos, risas, maneras de caminar, acento al hablar, frases hechas, modismos, vestido... Un DMF está consciente de eso todo el tiempo porque, curiosamente, los actores negociantes tienden, por sí solos, a copiar las formas: ríen, estornudan, caminan, visten y hablan, imitando a otros actores. El auténtico triunfador no deja que su actor negociante imite a nadie sin su permiso, lo controla de tal modo que maneja a la perfección los mensajes que emite. A un DMF nadie lo tacha de perdedor; entre otras cosas, porque no lo permite. Se esfuerza siempre por ser identificado sólo como creador de grandes obras. Las etiquetas o adjetivos que lo definen son siempre positivos, porque él lo provoca así.

Vio sombras. La mujer loca de cabello blanco frente a él. Más sombras. Despertó de un profundo sueño para descubrir que se hallaba en un cuarto rodeado de espectros calcinados que trataban de asesinarlo. Se durmió otra vez, pero su cerebro no descansaba.

Entre nubes repitió que debía visualizar resultados concretos y actuar con la confianza de quien está seguro de lograrlos. Pero ¿cómo portarse así siendo un esclavo? ¡Le habían robado su libertad cuatro

191

años atrás! Y aún antes, desde el momento en que ese demente de porquería posó sus sucios ojos en Ximena.

Todas las personas tienen grandes anhelos. Está demostrado que sólo una minoría logra concretarlos. ¿Por qué? ¿A qué se debe el fracaso de tantos y el éxito de tan pocos? Sin lugar a dudas, diremos que la clave se encuentra en una sola palabra: Compromiso. El triunfador se compromete a tal grado con sus sueños que es capaz de pagar un precio muy alto por ellos. Se prepara, trabaja, se desvela, les dedica tiempo y pasión; es capaz incluso de dar la vida por ellos. Tarde o temprano los alcanza. Por otro lado, el perdedor se limita a soñar, hace algunos intentos vanos por lograr lo que ambiciona, pero se desespera porque no hay resultados inmediatos. Entonces se dedica a culpar a otros y a buscar razones por las cuales le fue imposible ganar.

Trató de abrir los ojos y, para su sorpresa, sus ojos se abrieron. Era de día. El efecto de la droga había pasado y sólo le quedaba una desagradable resaca: Jaqueca, mareo, nauseas. El rostro le dolía. Se palpó la cara y descubrió una terrible hinchazón; pero no importaba. Estaba vivo. Analizó el lugar en que se encontraba. Un rayo de luz mortecina entraba oblicuo por la abertura de dos pesadas cortinas grises. La habitación estaba sucia y tenía escasos muebles: Un ropero desvencijado, una radio descompuesta, cobijas viejas tiradas en el piso. En el ropero había manchas de papel, como si algunas ilustraciones adheridas hubiesen sido arrancadas. El paisaje más grande había quedado a la mitad. Se acercó y lo analizó. Era la fotografía de una hermosa plaza típica. ¿Dónde la había visto? Quiso descifrar la leyenda al calce pero sólo se notaban las últimas letras: "aca"... ¿aca? Abrió la boca asombrado. ¡Oaxaca! ¡La plaza pública del centro de Oaxaca!

¡Así que los Malagón lo habían sacado de la casa amarilla para llevarlo al lugar en el que la chica oaxaqueña había cuidado a la anciana loca! ¿Y por qué? ¿Por qué no lo habían matado? ¿Por qué no estaba su cuerpo flotando en el canal?

Tal vez eran esquizofrénicos pero no tontos. Sabían que sus amigos investigarían a fondo en cuanto se dieran cuenta de su desaparición.

Entonces, ¿qué pensaban hacer con él?

Le dolía la cabeza. Se apretó la sien tratando de amainar las punzadas y pensar al mismo tiempo; sin embargo, su mente aún estaba anquilosada. Sonaban en su interior las palabras testimoniales que había oído en un casete, de un campeón olímpico de ciclismo.

Cuando comencé a competir, pensaba que no era muy importante ganar, que se trataba de una simple carrera, que no debía arriesgar mi vida disputándome codo con codo una simple medalla de oro; pensaba que yo vivía para cosas más importantes. Durante un tiempo creí que se trataba de competencias sin importancia, pero no lo eran, no eran simples medallas lo que estaba en juego. Un día, que pude ganar y no me atreví, comprendí que era la vida lo que se disputaba en la pista de carreras. Me di cuenta que estaba sentando un precedente vital, que si no hacía algo para salir de mi postura cobarde y comodina siempre iba a perder. Me vi al espejo después de la carrera y me insulté, me enojé conmigo mismo, me llamé "cretino detestable" por haber tenido la desfachatez de bajarme de la bicicleta con energías, cuando debí dejarlas todas en la pista. Golpeé mi puño contra la pared una y otra vez con gran furia y dije: "Nunca más... ¿Me oyes? ¡Basta de apocamiento! De ahora en adelante harás siempre tu mejor esfuerzo; agresivamente, decididamente. No puedes ser tenaz para algunas cosas y débil para otras. O eres un luchador incansable o un fracasado. No hay puntos intermedios. La grandeza sólo se consigue partiéndose el alma por alcanzarla. Desde hoy cambiarás de actitud. Hoy será el día de empezar a vivir..."

Se apretó aún más la cabeza. ¿Cómo quitarse esa cinta del cerebro? Las palabras, fuera de contexto, eran quizá un truco de su subconsciente para escapar del horror que estaba viviendo.

Oyó ruidos del otro lado de la puerta. Alguien había llegado. Tocaron groseramente con los nudillos.

—¿Ya despertaste, cerdo?

No era la voz de Lucio.

—Te traje una sorpresa.

193

Se puso alerta adivinando que no podía tratarse de nada grato.

—Varias veces, en las fiestas, he bailado con Roxana. La he visto emborracharse, así que nos conocemos ¿verdad, nena?

—¡Papá! Ayúdame.

Era Artemio.

—La esperé en la entrada de la escuela y le dije que su novio quería hablar con ella. Se subió a mi carro. ¿Qué te parece? Fue fácil, ¿verdad?

—¡Papá! ¡Tengo miedo!

Xavier se hallaba con la mandíbula cerrada y las articulaciones trabadas. Al fin reaccionó:

—Deja en paz a mi hija. ¡No te atrevas a hacerle nada!

Del otro lado de la puerta escuchó una sonora carcajada.

—¿Has notado cómo ha crecido este primor?

Temblaba de ira. ¿Los rufianes planeaban abusar de Roxana en presencia de él? ¿Qué era eso? ¿Por qué? ¿Qué estaba pasando?

—¡Papá, por favor, ayúdame!

Se rasguñó la cara hasta sangrarse y pateó la puerta enloquecido.

—¡Abran, desgraciados! ¡Abran!

—¡Aléjate de la puerta!

—¡No se atrevan a tocarla!

—Hazte para atrás.

Respirando agitadamente, como una fiera asustada, obedeció.

La puerta se fue abriendo despacio; después se azotó contra la pared y Roxana irrumpió a toda carrera en el cuarto.

—¡Papá, papá!

Llegó hasta él y lo abrazó.

—Hija, ¿estás bien?

—Sí... —contestó llorando—, ¿y tú?

Artemio miraba la escena desde el umbral, empuñando un largo cuchillo de carnicero y cuatro sogas cortas, idénticas a las que usó en el asalto de la oficina.

—¡Hermoso! —se burló.

—¿Por qué haces esto? ¿Qué quieres de nosotros?

El pelirrojo avanzó dos pasos al interior de la habitación.

194

—Ayer estuviste a punto de ahorcar a Lucio. Está muy enojado. Te llevaste a la muchacha que trabajaba aquí. Me has fastidiado durante años siguiéndome hasta las puercas montañas. Encarcelaste a varios de mis amigos. ¡Estoy harto de ti! Con gusto te cortaría en pedazos con este cuchillo, pero has hecho un guarro escándalo. Trajiste a mi casa a un compañero de tu trabajo y fuiste a la policía.

Caminó hacia él, empuñando el cuchillo y estirando las sogas como ligas.

—Ya me cansé. Eres un piojo fastidioso —miró a Roxana y esbozó una mueca mordaz—. Te tengo dos noticias.

Xavier abrazaba a la niña con fuerza.

—¿Cuál quieres oír primero, la buena o la mala?

No contestó.

—La buena es que voy a dejarlos libres. La mala... lo siento, pero no se pueden obtener regalos sin motivo. La mala es que antes me aseguraré de que se te quiten, para siempre, las ganas de seguirme. Ambos presenciarán un espectáculo inolvidable. En primera fila. Tu hija te verá sufrir y tú la verás sufrir a ella. Cuando se vayan, recordarán muy bien lo que pasó y no se lo contarán a nadie, porque, ¡óyelo!, tengo a toda tu familia en mi mano y, si se les ocurre tratar de denunciarme, la próxima vez cerraré el puño.

Artemio se acercó con el cuchillo. Xavier trató de negociar.

—Tranquilízate. Ya entendí. Nos hemos hecho daño mutuamente y quieres que esto se acabe. Yo también. Ambos hemos perdido. No quiero pensar quién ha perdido más, pero tienes razón. Lo que pasó, pasó. Vamos a olvidarlo. Déjanos libres ahora y te prometo que guardaremos silencio. Jamás mencionaremos nada.

—¿Por qué será que no te creo? —le puso el cuchillo en la garganta y lo obligó a girarse para atarle las piernas—, estás en mi juego y yo pongo las reglas... —lo amarró con gran rapidez—. Tú te metiste aquí, nadie te llamó.

—Calma, calma, por favor. Déjanos ir. Te prometo que...

No pudo terminar la frase. Artemio le pegó con el puño en el omoplato.

—¡Ya me cansé de oírte!

Xavier tosió. Roxana se arrojó sobre el pelirrojo gritando, llorando, golpeándole la espalda, tratando de morderlo.

—¡Quítate!

El hombre viró para empujar a la adolescente y, al hacerlo, la hirió con el cuchillo. Salió proyectada hacia el suelo. Su uniforme escolar se tiñó de rojo a la altura del abdomen. Roxana asustada, se apretaba el estómago, mirando incrédula la hemorragia que le empapaba las manos. Xavier quiso arremeter contra el criminal, pero cayó de bruces.

—¡Par de estúpidos! ¡Ya me colmaron la paciencia! Si se atreven a atacarme de nuevo, verán de lo que soy capaz.

Roxana se sentó en un rincón del cuarto. Artemio volvió a poner el filo del cuchillo en la garganta de Xavier. Comenzó a atarle las manos por la espalda. Él temblaba como volcán a punto de estallar, rogando que la herida de su hija fuera superficial.

La vieja de cabello blanco, en su silla de ruedas, apareció en la entrada de la habitación.

—¿Y el niño? —preguntó con la vista perdida—. ¿Dónde se llevaron al Pecas? ¿Por qué ya no está?

Xavier contuvo la respiración al ver a la demente; pero, sobre todo, al recordar las frases de la chica oaxaqueña:

La casa tiene una rampa en la que ella sube y baja con su silla de ruedas. Siempre anda de arriba para abajo, sobre todo desde que Lucio se llevó al "Pecas", era su mascota, lo busca por cada rincón.

Pero la loca se había referido al Pecas como a un niño... Entonces no era una mascota, sino alguien a quien ella trataba *como* a su mascota.

Xavier sintió un hormigueo en la cabeza.

Max tenía cinco o seis lunares claros en cada mejilla.

Lucio entró en la habitación. Estaba serio, con las cejas fruncidas en un gesto adusto que le afeaba aún más su precaria faz.

La familia completa. Digna para una postal de la casa del terror.

—Ven conmigo, mamá —empujó la silla de ruedas para girarla.

Xavier levantó la voz:

—Eres un loco igual que tu madre. Robaste a mi hijo para traerlo a esta pocilga... y ahora, ¿dónde está? ¿A dónde te lo llevaste?

La vieja comenzó a dar alaridos.

196

—¡Ya la alteraste! —lo reprendió Lucio—. Ella te entiende.

Empujó la silla de ruedas hacia fuera, sin poder acallar los gritos de la mujer.

Artemio fue hasta Roxana con intenciones de atarle brazos y piernas.

—Está herida —gritó Xavier con lágrimas de rabia—. ¡Necesita un médico! Ya no le hagas nada...

—Pero debo terminar mi trabajo —dijo fingiéndose compungido—, y a ustedes les conviene que sea rápido.

—Déjanos ir. Por favor. Ya entendí lo que quieres. Jamás volverás a saber de nosotros.

Artemio movió la cabeza haciendo un gesto pueril.

—Ya te dije que en este juego yo pongo las reglas. Cuando se den cuenta, ya estará hecho. Les cortaré un dedo a cada uno. Lucio se encargará de administrarles medicamentos para que la herida no se les infecte. Estarán a dieta mientras tanto. Dentro de dos o tres días podrán irse con su dedo en el bolsillo, como recuerdo, pero estaré vigilándolos. No se pasen de listos...

—Si nos amputas cualquier parte del cuerpo, aunque sea un dedo, la gente preguntará. Querrán saber qué nos pasó.

—Y ustedes se callarán.

—Pero investigarán de todos modos.

—Nunca me han atrapado. Sé escabullirme y nadie va a quitarme el placer de lo que voy a hacer ahora.

Xavier recordó las imágenes de los cuerpos cercenados en las cuevas de la sierra. Eran los métodos de ese psicópata.

Roxana ya no lloraba. Había entrado en shock. Tanto por la herida del abdomen como por el horror de esa pesadilla real que superaba su entendimiento.

—Se adormiló —suspiró el pelirrojo tomando una mano de la niña—. La pobrecita tiene sueño. Qué bueno. No va a necesitar que la ate.

—¡Déjala, canalla! ¡Es una niña! Hazme a mí lo que quieras, pero a ella, déjala.

—¿Te preocupa la hija que te queda? —preguntó Artemio con el cuchillo levantado—. Voy a platicarte lo que le pasó al otro. A Lucio y a mí nos separaron de nuestra madre cuando éramos muy pequeños. Ella estaba dañada del cerebro, pero eso la trastornó aún más. Quedó como disco rayado. Durante años se la ha pasado preguntando por su niño. Lucio pensó que si convivía con uno, mejoraría. Entonces robó a Max. Lo trajo aquí para que mi madre tuviera de nuevo a su bebé. Entre ella y la sirvienta lo cuidaron. Esa oaxaqueña lo apodó el "Pecas". Creía que era hijo de Lucio. Pobre tonta. Me harté de tanta estupidez.

Alguien golpeó el portón de madera exterior. Xavier abrió los ojos en señal de esperanza. Tal vez Kelda lo estaba buscando o quizá Eduardo Cervantes logró llevar a la policía a la casa amarilla y, al no encontrar nada, los había conducido ahí.

El llamado a la puerta volvió a oírse.

Lucio llegó corriendo y, con gesto de desesperación, confirmó:

—Son policías. Los vi por la ventana. Vienen con uno de los amigos de este infeliz.

—No abras.

—Traen sus pistolas desenfundadas. Creo que si no abrimos, entrarán por la fuerza. Atiéndelos tú. Tranquilízalos. ¿Todavía tienes tu credencial?

—Ya te expliqué que no es de esta jurisdicción.

—Pero sabes cómo tratarlos. Fuiste uno de ellos.

La inválida apareció detrás de Lucio.

—¿Dónde está el Pecas? ¿Por qué se lo llevaron?

Artemio sujetaba la mano de Roxana. Levantó aún más el cuchillo e inició el movimiento para bajarlo, pero se detuvo.

Recapacitó. Volvió a levantar la mano decidido.

Los llamados a la puerta sonaron de nuevo. Tal vez no era el momento.

Dejó el cuchillo en el piso. Se puso de pie y salió de la habitación.

Como ex policía sabría dar buenas excusas y resolvería el problema.

Xavier no podía permitir que esa oportunidad se le escapara. Debía llamar la atención. Hacerse notar. Pedir ayuda, ¿pero cómo? Miró a su alrededor. No había nada.

Lucio se asomaba por la abertura de las cortinas.

—¿Y el niño? —volvió a preguntar la señora—. ¿Dónde está el niño?

Los minutos corrieron sin que Xavier hallara la forma de hacer algo.

—Bien —dijo el psiquiatra, descansando—. La policía ya se retira. ¡Estuvo cerca!

Se alejó de la ventana y caminó hacia la anciana.

—Vámonos. En este cuarto van a pasar cosas que tú no debes ver.

—¿Dónde está el niño? ¡Lo extraño mucho! ¿Por qué te lo llevaste?

Se escuchó el sonido de un motor encendiendo. La patrulla estaba a punto de partir.

Xavier recordó que cuando estuvo en la calle esperando a la chica oaxaqueña, miró hacia arriba. Justo sobre la puerta había una ventana ¡con cortinas grises! Desde ahí, la muchacha los había espiado antes de bajar. Hizo un esfuerzo por revivir la imagen. Si su memoria no le fallaba, la ventana tenía protecciones de herrería por fuera.

Se incorporó de un salto. Sus manos y pies estaban atados, pero podía gritar y brincar.

—¿Qué vas a hacer? ¡Quédate quieto!

Dio tres pequeños saltos antes de arrojarse de costado contra la cortina gris. El cortinero cayó vencido por el peso y al instante se escuchó un estrépito de vidrios rompiéndose. Quedó atrapado en la balaustrada de metal, enredado en la cortina gris, herido por los cristales rotos. Los vidrios más grandes se precipitaron a la calle.

—¡Estamos aquí! —gritó—. ¡Por favor! ¡Aquí! ¡Aquí! ¡Ayúdennos! Secuestraron a mi hija. ¡También está aquí! ¡Por favor! ¡Auxilio!

La loca comenzó a dar alaridos agudos.

Roxana despertó.

Lucio Malagón tomó el cuchillo y se fue furioso contra el abogado, quien se debatía en el balcón sin dejar de pedir auxilio. Lucio levantó el cuchillo mientras Xavier lo miraba como en cámara lenta. No pudo detenerlo. Sintió cómo la afilada hoja le atravesaba un pulmón.

Se quedó quieto. La anciana seguía gritando.

Se escucharon balazos en la calle.

Lucio se asomó por encima del cuerpo de su víctima.

—¡No!

Salió corriendo de la habitación.

Roxana olvidó su herida para tratar de ayudar a su padre.

—Papá —lloraba—, ¿estás bien? ¿Papá? ¿Puedes respirar?

Se oyeron gritos en el exterior. Más balazos. Golpes en la puerta de la casa.

—¡No! —chilló Lucio desde la habitación de al lado—. ¡No es posible!

Regresó jadeando. Daba vueltas como una fiera recién capturada. Hablaba en voz alta tratando de ordenar sus ideas.

—¿Ahora qué hago? Artemio huyó. Mató a un policía y corrió... Subió a su coche sin dejar de disparar y escapó. Es un cobarde. ¡Traidor! Siempre lo ha sido. En el campamento hizo lo mismo. Se fue y me dejó solo. No le importa que me encarcelen. Él se escabulle. Y presume después de que nunca lo han atrapado. ¡Maldita sea! ¿Ahora yo qué hago?

Xavier se sentía débil, a punto de desmayarse. Lucio salió del cuarto. En la calle se escuchó el sonido continuo de un claxon, como si a un coche se le hubiese pegado el circuito eléctrico.

El psiquiatra con los ojos desorbitados apareció empuñando una pistola. Tomó a la niña y la encañonó. Sudaba, temblaba.

—No te muevas —le dijo—. La policía va a entrar, pero nosotros saldremos. Me vas a acompañar. No se atreverán a hacerme nada si vas conmigo. Nos dejarán ir. Más vale que no te muevas, porque si algo sale mal, disparo. No voy a volver a la cárcel... prefiero cualquier cosa. ¿No quieres morir, verdad?

Se oyeron ruidos en el primer piso de la casa.

Habían entrado.

En el exterior, el claxon seguía sonando.

Xavier hizo un esfuerzo por incorporarse. Lo logró. El dolor del pecho se había traducido en un adormecimiento de todo su lado derecho. Trató de dar un paso, olvidando que estaba atado de los tobillos. Cayó de bruces. La anciana lo miraba con rabia.

—¿Tú te llevaste al niño?

Volvió a pararse, ignorándola. Dio un par de saltitos hacia delante aguantando el resuello, pero se derrumbó, esta vez sobre la vieja. La hemorragia interna del pulmón le estaba produciendo asfixia.

—¡Salgan todos! —ordenó una voz desde el piso de abajo—. Es la policía.

200

La mujer lo mordió.

—¡Quítate! Tú te llevaste al niño. Lucio dijo que Artemio lo había mandado a la calle, pero fuiste tú ¿verdad?

Xavier quiso incorporarse; sin embargo, la mujer lo había detenido por la camisa. Afuera el claxon del coche seguía sonando.

—¡Aléjense o mato a la niña! —amenazó Lucio saliendo al pasillo—. ¡Todos atrás! Si hacen un movimiento extraño, disparo. Lo juro.

—Lucio dijo que ya no iba a poder ver al niño —articuló la loca—, porque estaba en una beneficencia médica.

Xavier enceguecío. Era demasiada maldad. ¡Demasiada! Comprenderlo fue peor que recibir un baño de ácido.

Tal parece que, si alguien le inyectó droga, lo hizo con intenciones de matarlo. Casi lo logró. Lo enviaremos, por el momento, a una beneficencia médica.

—¿Por qué lo enviaron a una beneficencia? Lucio dice que Artemio se lo llevó para que lo atropellaran ¿Por qué lo atropellaron?

¡De modo que esos psicópatas habían drogado a Max para llevarlo hasta la carretera y arrojarlo a las llantas del carro de su mismo padre! ¡Por eso nadie lo reclamó! Las autoridades creyeron que era un indigente. ¡Y pensar que lo tuvo frente a él, lo vio de cerca, lo cargó un poco, pero aterrado más por el delito involuntario y por la salud del niño que por tratar de reconocerlo!

Empujó a la anciana para liberarse. Venciendo el dolor, dio varios brincos hacia fuera.

Dos policías estaban en la escalera; Lucio en el pasillo, de espaldas a él. Calculó la distancia. No había tiempo para pensar en nada más.

—Retírense —gritaba Lucio—. Vamos a bajar. Los quiero ver a todos ahí, al fondo, con las pistolas en el suelo. ¡No hagan una tontería! Se los advierto. ¿Qué esperan? ¡Muévanse!

Los policías obedecieron.

Xavier no esperó. Se impulsó con todas sus fuerzas y empujó a Lucio por la espalda. Roxana, atrapada por el brazo del criminal cayó con ellos. Rodaron por las escaleras. Lucio apretó dos veces el gatillo sin atinar a nada. Los policías miraron la escena impávidos. Al detenerse en la caída en la planta baja, Roxana salió a rastras, Xavier no

201

pudo moverse, Malagón lo jaló hacia él. Los policías reaccionaron. Lucio levantó su pistola y apuntó a la cabeza de Xavier. Todos los disparos se escucharon al mismo tiempo.

Roxana lanzó un alarido.

Se arrojó sobre el cuerpo ensangrentado de su padre.

Lucio Malagón yacía a un lado, boca arriba, con los ojos abiertos.

Xavier, respirando con dificultad, apretó la mano de su hija.

—¡No! ¡Por favor! ¡Papá! ¡Perdóname! ¡Papá! ¡No te mueras! No me dejes sola. ¡No, papá! No te vayas. ¡No, por favor...!

«Hay una sentencia latina que versa *Bona mors est homini vitae quae exstinguit mala.* La muerte es un bien para el hombre porque acaba con los males de la vida. Puede añadirse al respecto el proverbio de Menandro: "Aunque nunca obres mal, no por eso escaparás al dolor alguna vez" y también el pensamiento de Selma Lagerlöf: "Nadie puede liberar al hombre del dolor, pero le será perdonado a aquél que haga renacer en él el valor de soportarlo.»[1]

—¡Una ambulancia! ¡Pronto! Llamen una ambulancia.

—Papá, ¡reacciona! Aguanta. ¡No te dejes vencer!

Xavier supo que iba a morir. Pero el conocimiento no le llegó a su mente con paz. Tenía mucho aún por qué vivir. ¡Deseaba vivir! Abrazar a Roxana... ¡Cuánto deseaba abrazarla y decirle que era la bendición más grande de su existencia! Correr al asilo médico y recuperar a Max. Ayudarlo a salir adelante. Ángel Castillo lo orientaría. La pesadilla había terminado. Artemio huyó; Lucio estaba muerto. Él no podía morir también. Había dejado algo pendiente con Kelda...

—¡Pronto! ¡Un doctor!

—Ya viene... pero no se haga ilusiones. Este hombre tiene un balazo en la cabeza.

Fueron las últimas palabras que escuchó.

Esta vez el agujero era luminoso y cálido. Se dejó ir, sintiendo un último estremecimiento.

---

[1] Arturo Ortega Blake. *Antología de frases latinas, clasificada por temas.* Trillas. México 1993. Citas textuales.

19
DESARROLLO MÁXIMO DE FACULTADES

Los seres humanos estamos formados por cerebro, alma y cuerpo.

La educación sobresaliente se especializa en desarrollar cada una de estas entidades:

1. El CEREBRO es una computadora neuronal que almacena, clasifica y discrimina información. Traduce los datos recibidos a través de sus nervios sensoriales e interpreta los estímulos. Se vuelve más eficiente con las técnicas de "educación en el límite superior".

2. El ALMA inmortal, de belleza intrínseca, adquiere fortaleza y madurez durante nuestra vida. Como esencia del ser humano, logra principios gobernantes con las técnicas de "formación del carácter íntegro".

3. El CUERPO es una entidad encargada de moverse en el plano material, proyectar una imagen y realizar obras concretas. Se convierte en un hacedor que negocia, da mensajes y concreta hechos reales mediante las técnicas de "creación de obras geniales".

La claridad fulgurante del mar apacible y cálido que lo envolvía se atenuó poco a poco. Ahora sólo quedaba una pequeña luz en el fondo de su mente y la sensación dolorosa de su cuerpo debatiéndose en una sala de terapia intensiva.

Vio su existencia desde otro plano, más etérea, más gozosa, más espiritual y tuvo la certidumbre de que la vida incorpórea era grata.

Regresar al mundo y a su organismo enfermo, después de haberlos abandonado, le producía una sensación de intensa amargura.

El respirador artificial resollaba a su lado.

203

—Xavier, haz un esfuerzo —escuchó a lo lejos, como si la voz proviniera de una neblina espesa—. Debes recuperarte. Ya todo ha pasado. No te des por vencido ahora que has ganado.

—No puede oírlo —aseguró una fonación más gruesa—, está en coma. Un estado de total inconsciencia.

Pero Xavier podía oír.

Cada vez los sonidos le resultaban más claros, aunque su cuerpo se comportaba como un vegetal.

Un sujeto que llevaba seis meses continuos navegando por Internet, afirmaba no necesitar nada más. "Tengo novia, amigos, participo en fiestas y competencias, además asisto a la escuela". El maniaco de la computadora era un hombre extraño, pero al analizar con cuidado su caso, comprendemos que es igual al de todos nosotros: El alma está encerrada en un cuerpo hermético, con una poderosa computadora neuronal, a través de cuyos circuitos interactúa con el mundo exterior. Si la computadora se descompone o falla, el alma queda encerrada sin poderse comunicar. Alguien con retraso mental, parálisis cerebral o discapacidad intelectual tiene un espíritu tan grande, normal y capaz como el de cualquiera otra persona, sólo que está atrapado en una habitación con su computadora dañada.

Su mente seguía recordando las palabras que había oído en cintas y videos del sistema DMF, pero esta vez le produjeron una profunda angustia. Tuvo una leve sensación de claustrofobia. Estaba como encerrado en un cuarto oscuro, con un cuerpo descompuesto y una computadora inservible.

—Déjeme seguirle hablando —suplicó la misma voz femenina—, tal vez eso lo ayude a volver en sí.

No hubo respuesta de la voz masculina. Tal vez el médico se había limitado a encogerse de hombros.

Xavier pidió, suplicó en su interior que le siguieran hablando. Necesitaba saber qué había pasado, cómo estaba su hija, si lograron aprehender a Artemio, si habían encontrado a Max.

—Te hicieron tres operaciones —le informó aquella voz—. Saliste bien de todas. Los médicos dicen que tuviste mucha suerte. La bala de

204

la cabeza entró en forma sesgada, produjo una fractura de cráneo, pero se detuvo en las meninges. El daño cerebral es casi nulo; puedes recuperarte y volver a la normalidad, aunque debes luchar, poner todo de tu parte. También te insertaron una manguera succionadora en el pulmón derecho. Están drenando el líquido y los médicos dicen que, aunque tomará tiempo, la herida interna cerrará sola...

La voz se detuvo. ¿Quién era?

No importaba.

"¡Sigue hablando por favor!"

—Tengo que irme. En este sitio las visitas están muy restringidas. Sólo nos permiten cinco minutos a cada uno y ya pasaron los míos. Voy a dejar entrar a alguien que quiere verte. ¿Sabes? Hay muchas personas afuera, preocupadas. Te necesitamos...   la mujer se interrumpió—, Xavier... —prosiguió entrecortadamente—. Yo... Te necesito... Dejamos... algo... pendiente, ¿recuerdas?

Era Kelda.

Trató de abrir los ojos, gritarle que no se fuera, pero los cables de mando estaban rotos y el cuerpo no le obedeció.

A los pocos minutos sintió que otra persona se hallaba a su lado, contemplándolo sin hablar.

"¡Di algo! ¡Por favor! ¿Quién eres?"

Adivinó que su nuevo visitante se hallaba muy asustado al verlo. Era lógico, si le habían operado el cerebro debía estar rapado y conectado a un sinnúmero de sofisticados aparatos.

El recién llegado le tomó la mano ligera, casi imperceptiblemente.

—Estás frío —creyó escuchar; pero la voz era muy débil.

"¡Habla más fuerte, por favor!"

Como si su visitante hubiese recibido el mensaje, se acercó a él y le dijo al oído.

—Papá... Yo estoy bien. No me hicieron nada, pero te necesito junto a mí. Te necesito vivo... —la vocecilla se quebró—. Sé que has sufrido mucho. No había entendido cuánto. Ahora también comprendo cuánto sufrió mi madre. Ya no le reprocho nada. Le he pedido mucho a Dios que me perdone por haberla juzgado... Y le he pedido que te ayude a ti... Papá, te necesito...

Xavier quiso apretar la mano de su hija para indicarle que estaba ahí, que la escuchaba... pero fue inútil. Algo, sin embargo, ocurrió... algo importante que impactó a Roxana, porque la oyó sollozar con enorme aflicción.

La voz del médico se escuchó otra vez.

—¿Qué ocurre?

—Mire —dijo la chica—, mi padre está inmóvil, frío, con los ojos cerrados como muerto, pero... ¿Ya vio?

Hubo un corto silencio.

La voz del médico reportó de inmediato que los aparatos marcaban una intensa actividad cerebral.

—Continúe hablando —ordenó—. Esas lágrimas que salen de sus ojos cerrados, pueden ser el indicativo de que... ¡está escuchando!

Xavier imaginó lo terrible que debía ser para su hija verlo en ese estado, pero se alegró de poderle decir de alguna forma que estaba ahí.

A partir de ese momento cada visita le habló sin cesar. Le recitaron "Por qué me quité del vicio", le narraron el cuento de la Caperucita Roja, le cantaron el Himno Nacional y le platicaron los últimos chistes de Pepito; pero ninguno le dijo si ya habían atrapado a Artemio o si su hijo había sido recuperado de la beneficencia médica. Cada seis horas entraban diferentes personas: Todos los padres bondadosos del grupo piloto, Fabiola Badillo, Eduardo y Marlene Cervantes, su madre...

Ángel y María Luisa Castillo lo visitaron también.

—La policía halló pruebas —le dijo Ángel—, para demostrar que los Malagón provocaron el incendio de nuestra casa. Suspendieron mi arresto y me pidieron disculpas. ¿Lo puedes creer? Nuestros hijos, María Luisa y yo, nos estamos recuperando. Planeamos seguir ayudando para formar el nuevo colegio, pero te queremos en nuestro equipo.

El padre Gonzalo Gamio viajó desde Monterrey para acompañarlo también:

—Las fuerzas del mal son peores de lo que creemos —murmuró—. Tratan de destruir, provocar peleas, aplastar las buenas intenciones; pero no hay forma de destruir a un hijo de Dios. Tal vez de momento, en esta Tierra, mas no a la larga. Todo toma su sitio. Gente tan cruel y perversa como la que te hizo todo esto, fue la que golpeó y crucificó a

Jesús; el maligno creyó haberlo vencido, pero Él resucitó y nos dio vida eterna, nos hizo hijos de Dios y nos dio la lección más grande de la historia: Que el mal nunca vencerá al bien en forma permanente. A futuro, el poder renovador del Amor siempre se impondrá.

El sacerdote rezaba con él en cada visita. A Xavier le gustaba escucharlo, sentía paz y su sensación de claustrofobia desaparecía. En una ocasión, Gamio le leyó el salmo noventa y uno. Los monitores electrónicos registraron excitación cerebral. El médico se asombró y le pidió al sacerdote que repitiera la lectura una y otra vez. Xavier quedó prendido a esas palabras, trató de memorizarlas, reclamarlas, hacerlas suyas. Eran una promesa de Dios y seguramente Él cumplía todas sus promesas...

Por otro lado, sentía una urgencia enorme por saber algo de Max. ¿Todavía estaría en la beneficencia? ¿Habría sobrevivido a la sobredosis de droga? ¿Por qué nadie hablaba de él? ¿Qué le estaban ocultando?

Se dio cuenta cuando lo trasladaron a una habitación convencional.

En esa pieza, las visitas podían sentarse en una salita a conversar. Eso lo reconfortaba, aunque a veces hablaban tan bajo que no podía oír nada y terminaba por quedarse dormido.

Una mañana sintió que sus párpados se movían un poco. Temblaron y le permitieron la entrada de luz. Casi pudo distinguir las formas del cuarto. A partir de ese instante se empeñó en ejercitar la apertura de sus ojos. El movimiento era tan leve, que sólo él lo notaba.

Cuando escuchó a Marlene y a Fabiola charlando en la salita con la nueva benefactora de la escuela, pugnó con todas sus fuerzas por mirarla, pero fue inútil. Hablaban sobre los aspectos especializados del sistema para el DESARROLLO MÁXIMO DE FACULTADES: La matriz horaria de la universidad infantil, los planes y programas de estudio en límite superior, las dinámicas en el aula para desarrollar el carácter, los métodos de evaluación y los procedimientos pedagógicos para motivar la creación de obras geniales. Todos, asuntos técnicos para implantar en una escuela que él no comprendía. Por otro lado, escucharlas lo hizo recapitular el mapa conceptual de los métodos para emplear en la casa que sí comprendía. Muchas cosas se ordenaron en su intelecto. Aunque los procedimientos eran vastísimos, los resumió mentalmente en frases cortas.

DESARROLLO MÁXIMO DE FACULTADES

N°	TÉCNICA	RESUMEN
1	SOBRE-ESTIMULACIÓN ADELANTADA	*Proporcione una gran gama de estímulos emocionales y sensoriales a los bebés, incluso desde antes de su nacimiento. Ingrese a un programa para la enseñanza temprana de lectura, matemáticas, gimnasia, música, etc.*
2	MULTIDISCIPLINAS DINÁMICAS	*Enfatice la instrucción computarizada y ejercicios de razonamiento. Suba al máximo los niveles académicos de las asignaturas escolares, el aprovechamiento del tiempo y el número de disciplinas enseñadas.*
3	RITOS CONSTRUCTI-VOS POR INTERVEN-CION PATERNA	*Establezca hábitos superiores en el hogar e incite la curiosidad de su hijo. Inscríbalo en clases extras, pero acompáñelo en todo momento. Propicie un ambiente óptimo para el estudio sobresaliente en casa.*
4	CESE DE ESCENAS DE CONFRONTACIÓN	*Enseñe al chico la negociación hablada desde temprana edad. Rompa el círculo vicioso de rabietas y berrinches creando una atmósfera de dignidad y respeto mutuo.*
5	INCREMENTO DE LA CAPACIDAD DE ATENCIÓN	*Estimule las conexiones neuronales que mejoran la atención, mediante las diez pautas para "vitaminar" el cerebro infantil. Genere diálogos largos y razonamientos focales.*
6	FIJACIÓN DE METAS PRIORITARIAS DEL "SER"	*Haga que el pequeño se identifique con los principios de acción, trato humano, profundidad mental, administración, autocontrol y orden ético. Establezca con él una "declaración de metas existenciales".*
7	COBERTURA Y PATRONES DE OBEDIENCIA	*Marque los límites de conducta en base a un código de carácter; enseñe al niño a seguir su mapa de principios, a analizar sus dilemas y a tomar decisiones juiciosas.*
8	IDENTIDAD CON EL MAESTRO DE VIDA	*Genere en su hijo la imitación de altos modelos de comportamiento; enséñelo a identificar a sus guías confiables y a serle fiel a ellos.*

9	**MARCO DE COHERENCIA, BUEN TRATO Y ALEGRÍA**	*Como maestro de vida, respalde cada una de sus palabras con hechos, trate bien a todas las personas y disfrute cada jornada. Enseñe al niño a actuar de la misma forma.*
10	**PRINCIPIOS GOBERNANTES**	*Muestre al pequeño cómo generar autoetiquetas positivas, ayúdelo a diferenciar lo que hace de lo que es, a establecer sus proyectos máximos y a alinear su vida a ellos.*
11	**GENERACIÓN DE FUERZA CINÉTICA**	*En base a un programa específico, enséñelo a amarse, a no hacer caso de las burlas y bajezas, a identificar su naturaleza divina y a convertirse en un experto de algo.*
12	**APLICACIÓN ESPECÍFICA DE CONOCIMIENTOS**	*Motive al niño a crear obras con sus manos, construir inventos, armar esquemas, concretar proyectos... Usar pinturas, palabras o herramientas para hacer realidad sus ideas.*
13	**INDEPENDENCIA GRADUAL**	*Permanezca junto a él en sus periodos de preparación, ayúdelo paso a paso a lograr por sí mismo las metas; motívelo a dar el salto hacia la independencia y después déjelo solo.*
14	**VIVENCIA ANTICIPADA**	*Enséñelo a portarse "hoy" como la persona que le gustaría llegar a ser "mañana"; a conceptualizarse como triunfador y dar mensajes de éxito, aún antes de lograr el éxito.*
15	**COMPROMISO CON LOS ANHELOS**	*Inste al niño a definir sus objetivos a corto y largo plazo, para que después se comprometa con ellos. Motívelo a dar su mayor esfuerzo y a perseverar hasta lograr sus anhelos.*

PROGRAMA DMF		TÉCNICAS A USAR				
I	Educación en el límite superior	1	2	3	4	5
II	Formación del carácter íntegro	6	7	8	9	10
III	Creación de obras geniales	11	12	13	14	15

Un día Xavier pudo mover más los párpados y distinguió las formas a su alrededor. La habitación era pulcra y sencilla.

Para su sorpresa, también logró girar la cabeza, pero el movimiento le produjo dolor. No le importó. Su emoción era mayor que cualquier molestia física. ¡Estaba regresando al mundo! Las cosas le daban vueltas, pero al fin sentía cómo su cuerpo comenzaba a obedecerlo.

Durmió un rato sabiendo que estaba en proceso de despertar y todo era cuestión de tiempo.

Al fin pudo abrir los ojos de forma completa.

Se incorporó a medias. Tenía el suero en el brazo izquierdo y una sonda en la vejiga. Estaba mareado.

Había dos personas paradas frente a él.

Un doctor, con su pulcra bata blanca y un niño.

Tardó en enfocar los rostros.

Su vista aún fallaba y su mente tardaba en discriminar los estímulos.

—¡Dios Santo!

Fue lo único que pudo murmurar. Quiso pedir ayuda, gritar que alguien viniera pronto, pero se quedó paralizado. Comenzó a llorar. Era demasiado.

—No, por favor.

¡Demasiado!

—¿Qué tal? ¿Nos extrañaste?

—Si vives bajo la sombra protectora del Altísimo[2]... Él mandará que sus ángeles te cuiden por dondequiera que vayas...

—¿Estás rezando? No tengas miedo. Tú sabías que nosotros faltábamos de visitarte... ¿No nos estabas esperando?

—El que vive bajo la sombra protectora del Todopoderoso...

—Fui por el Pecas a la benificiencia médica. Me lo entregaron sin problemas. Lo traje para que te despidas de él. Como ves, no soy tan malo.

—¡Artemio! Por lo que más quieras —sollozó—, ¡no le hagas nada! Te juro que jamás volveré a molestarte.

El pelirrojo rió, disfrutando ese momento. Traía un cuchillo de carnicero en la mano izquierda.

—Cállate, gallina —le dijo acercándose con el niño—. Si llamas la atención, te arrepentirás. Estoy cansado de tus tretas. Por tu culpa, mi hermano murió, por tu culpa la policía me persigue. Voy a desaparecer para siempre, como si me tragara la tierra, pero antes necesitaba venir a verte. Saldar esta cuenta.

Xavier se logró mover, pero sólo para tirarse de los cabellos sin dejar de llorar, balbuceando la palabra "¡no!".

Vio cómo el jefe de sectas satánicas acercaba la mesa de servicio, cómo tomaba la mano de su hijo y la ponía sobre la mesa, vio cómo levantaba el cuchillo y lo dejaba caer cercenándole al niño cuatro dedos.

¡Cuatro dedos!

Max gritó y el hombre le tapó la boca con fuerza.

—No hagas escándalo.

Pero el chico se retorcía con desesperación. Artemio empuñó de nuevo el cuchillo y lo llevó hasta el cuello del niño para rebanarle de un tajo la garganta.

Xavier saltó de su cama dando un alarido. Las mangueras conectadas a su cuerpo se zafaron.

No tengas miedo a los peligros nocturnos, ni a las flechas lanzadas de día. Pues mil caerán a tu izquierda y diez mil a tu derecha, pero a ti nada te pasará, sólamente lo habrás de presenciar: Verás a los malvados recibir su merecido.[3]

Dos enfermeras entraron corriendo.

—Doctor, ¡venga pronto!

Xavier se debatía gritando histéricamente. Una señorita trató de abrazarlo para detener sus movimientos.

—Cálmese. ¡Tranquilo! Tuvo pesadillas. Cálmese.

Varios médicos llegaron a la habitación. Xavier seguía llorando.

—Al fin ha despertado.

—¡Qué buena noticia!

—Mucha gente se alegrará.

La enfermera logró someterlo.

Xavier sollozaba como un niño, con la cara agachada y el cuerpo encorvado.

—Doctor, el paciente dio un grito terrible, como si le hubiesen arrancado las entrañas. Obsérvelo. Aún está temblando. Revíselo, por favor.

El médico se acercó y trató de levantarlo. Como Xavier no cooperó, hubo necesidad de que otros dos auxiliares se comidieran para alzarlo hasta la cama.

—Mire, nada más... Tiró la botella de suero y se arrancó las mangueras...

El médico le hizo una rápida auscultación.

—Tranquilo —le decía al ver que no dejaba de estremecerse y dentellar—. ¿Qué estaba soñando? Procure controlarse...

Terminó la revisión y consultó a uno de sus colegas.

—¿Cómo lo ves?

—Tiene un fuerte shock emocional. No es raro. Ha estado inconsciente por ocho semanas. Denle un sedante muy suave y llamen a sus familiares.

—Bienvenido —le susurró la enfermera antes de salir—. Usted ha vuelto a nacer.

Comenzó a murmurar:

—Él mandará sus ángeles para que te cuiden por dondequiera que vayas... podrás andar entre leones y serpientes... Te cubrirá con sus alas y bajo ellas estarás seguro...

A los pocos minutos llegó Kelda. Xavier se incorporó a medias para abrazarla.

Volvió a sentir que la congoja lo invadía.

—Kelda... —musitó con voz afónica, le dolía la garganta al hablar—. Tengo miedo. Necesito protección. ¿Dónde está Artemio? ¡Puede venir en cualquier momento!

Su amiga se separó y le tomó cariñosamente por las mejillas.

—Artemio murió.

—¿Cómo sabes? ¿Estás segura?

—Sí. Por completo. Tranquilízate. La pesadilla terminó.

—¿Cómo murió?

—Cuando te arrojaste contra la ventana, los policías trataron de entrar a la casa y él se los impidió. Sacó una pistola y comenzó a

212

disparar. Hirió a un agente. Al ver que todo estaba perdido trató de huir. Los policías abrieron fuego. Le dieron cinco balazos. Logró subirse a su coche pero no pudo echarlo a andar. Quedó en el asiento del conductor, oprimiendo el claxon del volante con su cuerpo.

Xavier cerró los ojos recordando esa corneta pegada, sin lograr aceptar realmente que todo había terminado.

—¿Y mi hijo, Max? —preguntó después—. ¿Ya lo rescataron?

Kelda se hizo ligeramente hacia atrás.

—¿Tu... hi...?

¡Claro! Nadie lo sabía. Él se había enterado poco antes de recibir los balazos, Roxana no había escuchado en forma consciente y la loca, con toda seguridad, no había vuelto a mencionarlo.

—El niño a quien atropellé —se apresuró a explicar—. ¡Era mi • hijo! Los Malagón, en su infinita perversidad, me lo devolvieron de esa forma, tratando de advertirme que dejara de investigar.

Kelda tenía los ojos abiertos como platos.

—¿Sabes lo que me estás diciendo?

—Sí. Hay que moverse pronto. Recupéralo, por favor.

Su amiga salió de la habitación dando grandes pasos.

Xavier cerró los ojos y respiró de forma acompasada.

A los pocos minutos se durmió.

---

[1] Fuente bíblica: Tesalonicenses 5,23. Marcos 12,30.

[2] El Salmo 91 es una promesa condicional en la que Dios ofrece una protección total a los que viven bajo su cobertura. No todos los seres humanos viven bajo la cobertura de Dios. Sólo quienes siguen sus mandamientos y subordinan todos sus actos a la voluntad de Dios.

[3] Salmo 91.

20
INSTITUTO PARA EL DESARROLLO DE NIÑOS CON ALTO POTENCIAL

Fue una inauguración impresionante.

No asistió el presidente de la república, pero sí el presidente municipal. No estuvieron las familias más ricas ni poderosas del país, pero sí muchas de las más comprometidas con la educación de sus hijos.

El discurso de Marlene Cervantes incluyó frases que Xavier sabía de antemano:

—"Si me creo capaz de atravesar un río, muy posiblemente pueda atravesarlo; si no me creo capaz, muy posiblemente estoy equivocado. En este sentido, la tarea fundamental de la educación es inducir posibilidades. A lo largo de todo el proceso educativo, hay que exigir. Racionalmente, pero hay que exigir. Cuanto más, mejor. Para que las personas den de sí lo que pueden, hay que pedirles más de lo que pueden. Y a veces aún ese más lo alcanzan."[1] Todos los niños sanos poseen un alto potencial, pero sólo algunos lo explotan. Aplicando el sistema para el DESARROLLO MÁXIMO DE FACULTADES es científicamente factible convertir a cualquier pequeño en sobresaliente.

Xavier caminó por las nuevas instalaciones asombrado y conmovido, llevando de la mano a Max. El colegio constaba de dos edificios. Observó por el circuito cerrado de televisión las clases de karate, oratoria, natación, ballet y sorprendido contempló operando el sistema de universidad infantil. Se alegró al ver la alegría de sus amigos ante ese sueño hecho realidad.

—¿Por qué no te quedas? —le preguntó Marlene.

—No puedo. Necesito limpiar mi mente.

Kelda no estuvo ahí cuando se despidió. Así lo quiso él.

Varios meses después, abrió su libreta, tomó una pluma y redactó:

Nos estamos recuperando lentamente. Somos tres enfermos: Roxana, Max y yo. El más grave es mi pequeño, pues la basura que le metieron al separarlo de su familia para encerrarlo con una loca inválida, entró a lo más profundo de su subconsciente. Creo que aunque crezca, siempre quedarán sedimentos. Por fortuna, la chica de Oaxaca lo protegió y ayudó durante esos cuatro años. Gracias a ello, ha comenzado otra vez a hablar y a controlar sus esfínteres.

Roxana se ha vuelto la optimista del equipo. Se la pasa riendo y haciendo bromas. Su comportamiento me parece un poco artificial porque sé que tiene pesadillas frecuentes, pero su estrategia es admirable. Hace un gran esfuerzo por marcar con crayón blanco el lienzo gris, olvidar el pasado y concentrarse en el presente. Podría decirse que está madurando; ya no fuma ni toma alcohol, ha dejado de usar la arracada en la nariz y el mechón verde. Platicamos mucho. Nos hemos hecho buenos amigos.

Por mi parte, como me dijo la enfermera, he vuelto a nacer. Estoy aprendiendo a vivir otra vez. Ignoro si algún día me animaré a plasmar en un papel cuanto he sufrido, pero sé que lucharé contra los fantasmas que me persiguen hasta aniquilarlos por completo.

A pesar de que una niña de trece años ya está "forjada", me notificaron que podía inscribir a Roxana en el sistema para el **Desarrollo máximo de facultades** en México; por el momento, no aceptamos. Creemos necesitar al menos un año para desintoxicarnos de la vorágine citadina. Incluso fue esa la recomendación del médico: Vivir en el campo. También nos dijo que sacáramos de nuestro interior las ideas turbadoras. Nos recomendó escribir. Por eso he usado mucho esta libreta y le compré otra a Roxana. El Padre Gamio tiene grandes amigos empresarios y consiguió que uno de ellos nos dejara vivir en su rancho.

Mamá no quiso acompañarnos. Tomó los cursos de capacitación del sistema DMF y logró que Huguito tuviera una conducta lo suficientemente estable para inscribirlo en ese colegio. Ha rejuvenecido desde que se comprometió a educar con métodos modernos a su nieto.

Aquí, el reloj camina con mucha lentitud. Me da tiempo de todo. Roxana asiste a una escuela rural con su hermanito. Trato de aplicar con ellos los conceptos que aprendí, pero no es fácil. Lo ideal sería que acudieran a un colegio que también los aplicara; pero, por ahora, tenemos otras prioridades.

Mi vida ha dado un giro radical. Así debe ser cuando se nace de nuevo. La única espina que llevo clavada, sin poderla sacar, es Kelda... La extraño mucho. Mi mente recrea una y otra vez los momentos que vivimos aquella madrugada. Sé que una nueva mamá para mis hijos, con mentalidad sana y corazón noble, los ayudaría a recuperarse más rápido... y para mí sería como un medicamento mágico; sin embargo, las circunstancias nos separan. Kelda se ha sumergido por completo en su trabajo. El sistema DMF se está consolidando. Ella necesita permanecer ahí y yo la entiendo. Me gustaría verla, pedirle que se case conmigo, pero sé que no podrá separarse de la escuela. De cualquier modo, nos escribimos. No pierdo la esperanza de que algún día me visite.

En una de sus cartas me relató que en el edificio original, los frívolos elitistas han hecho un club privado, más de deportes y entretenimientos que de educación. Imparten algunos cursos sobre liderazgo, pero en realidad se especializan en crear asociaciones entre personas ricas. Están satisfechos y entretenidos con su mundo snob. Le han quitado al viejo edificio el letrero anterior para ponerle uno que versa "Triunfadores del Universo", afirmando que practican el sistema DMF. También han surgido otros grupos que dicen tenerlo, así que los nuevos abogados de la empresa se la pasan litigando contra los plagiarios.

Durante los diez meses que llevamos en el campo, mis hijos y yo hemos hecho muchos avances, sobre todo en el área espiritual. Todas las noches oramos el salmo noventa y uno y leemos la Biblia juntos. Como padre me he asido de las palabras de nuestro asesor espiritual:

217

"Las personas aprenden siguiendo a un maestro y el maestro, en forma automática, brinda cobertura a quienes le siguen. ¿Cómo sería nuestra vida si nos interesara más agradar a Dios que agradar a los hombres o satisfacer nuestros deseos? Conoceríamos un tipo de placer mayor: Seríamos sus hijos adoptivos, merecedores de sus promesas y tendríamos un guía infalible."

No sé si Roxana y Max lleguen a tener el privilegio de DESARROLLAR AL MÁXIMO SUS FACULTADES o a ser DIRIGENTES DEL MUNDO FUTURO, pero sí quiero asegurarme de que, no importa lo que pase en el mañana, ellos siempre caminen por la vida tomados de la mano de su Padre.

Su Padre eterno.

Yo les he fallado muchas veces, pero Él no lo hará.

Terminó de escribir y cerró su libreta. Afuera, Roxana lo llamaba a gritos.

Se puso de pie y salió. En medio del campo había una camioneta estacionada con las puertas abiertas y varias personas bajándose.

Era extraño.

Dos niños saltaron del vehículo y corrieron, riendo a carcajadas.

Reconoció de inmediato a Fabiola; Marlene y Eduardo Cervantes; Ángel y María Luisa Castillo... No venía Kelda.

Caminó hasta ellos. Uno a uno lo abrazaron.

—Quisimos visitarte —dijo Marlene—. Como no tienes teléfono, nos fue imposible avisar.

—No se preocupen. Me agrada mucho que hayan llegado de improviso. ¿Cómo va la escuela?

—De maravilla.

—¿Se acabaron los problemas por completo?

—Bueno, no por completo. El IDENAP es un colegio normal, tenemos mayoría de profesores excelentes, pero no nos falta uno que otro ineficaz; casi todos los alumnos son nobles, pero también hay algunos desastrosos; el ochenta por ciento de los padres son comprometidos, pero contamos con nuestro veinte por ciento de "siempre inconformes".

Xavier rió.

218

—¿Y la mujer que les vendió los edificios, no se ha interpuesto con planes macabros?

—Para nada. Es una gran persona. Ahora se dedica a patrocinar escritores y oradores especializados en temas de educación. Algunos se han vuelto famosos. Incluso nos ha ayudado a conseguir a nuestros mejores maestros.

Max se había unido a los juegos de los recién llegados. Uno de ellos era Ulises. Xavier se alegró de verlo tan sano.

—¿Quieren pasar?

—No, gracias —dijo Fabiola—, en realidad hemos venido por ti. Nos haces mucha falta.

—¿Vinieron por mí? —sonrió—. Se los agradezco, pero necesito recuperarme emocionalmente —se dirigió a Ángel y María Luisa—. No me digan que ustedes han seguido con sus actividades como si nada hubiera pasado.

—Bueno —contestó su amigo—, estamos reestructurando nuestra situación, pero aún seguimos en el equipo. Asistimos a las conferencias de capacitación para padres y participamos en casi todas las actividades del colegio.

—Pues yo no poseo la fortaleza de ustedes. Necesito algunos meses más de tranquilidad total.

—Ya tuviste suficientes —insistió Marlene—, no nos iremos sin ti. Traemos dos camionetas. En una venimos nosotros. En la otra viajarán tú y tus hijos. También podrás subir tus cosas en ella. Si empacamos entre todos, acabaremos rápido.

—No insistan —dijo halagado, sin poder borrar su enorme sonrisa.

Max y Ulises jugaban juntos. Se escuchó el ruido lejano de un motor. En efecto, una segunda camioneta iba entrando al rancho.

Dio un paso hacia delante.

Su corazón comenzó a latir con más fuerza.

Era Kelda.

—No sabía que supiera manejar —murmuró.

La camioneta se detuvo.

Xavier caminó a su encuentro, mientras sus amigos permanecían en el mismo lugar.

219

Kelda bajó del vehículo. Xavier percibió los impertinentes golpeteos de sus palpitaciones cardiacas. Ambos se miraron unos segundos sin hablar. Ella traía un vestido de algodón, largo, similar al que usaba en el banco cuando la conoció. El magnetismo de su cuerpo lo hizo acercarse más, sólo retenido por la profundidad de su mirada.

—Te he extrañado —dijo ella rompiendo el silencio.

Él asintió. No podía hablar.

—¿Cómo va tu limpieza espiritual?

Se aclaró la garganta.

—Bien —dijo al fin—. Pero hay algo... que nunca voy a poder superar aquí... Algo que me duele por las mañanas como una espina y por las noches como una llaga viva.

—¿Qué es?

—Tú.

Kelda lo observó unos segundos con la boca entreabierta.

—Xavier, ¿recuerdas lo importante que es dar ciertos saltos y superar las etapas del pasado?

—Sí.

—Pues ha llegado el momento. Yo organicé esta excursión para venir por ti. Un día te dije que aunque triunfara como profesionista nunca sería feliz hasta verte feliz. Además, también siento una espina por las mañanas que se convierte en llaga cuando me acuesto, por las noches, a dormir, *sola*...

Xavier sonrió ligeramente. Tuvo deseos de abrazarla, besarla, acariciarla, pero se contuvo. La tomó de la mano y caminó con ella rumbo a su grupo de amigos que veían la escena.

—Roxana —le dijo a su hija en cuanto llegó frente a ella—, es hora de empacar. Vamos a regresar a la ciudad.

---

[1] Luis Alberto Machado. *Op.cit.*

INDICE

LECTURAS COMPLEMENTARIAS SOBRE CÓMO INCREMENTAR LAS FACULTADES DE LOS NIÑOS
Los siguientes libros son una guía básica en la educación sobresaliente

PARA EDUCAR EN EL LÍMITE SUPERIOR
- **Luis Alberto Machado**, *La revolución de la inteligencia*, Seix Barrral, México, 1977.
- **Jorslav Koch**, *Super bebé*, Roca, México 1988.
- **Glenn Doman**, *Cómo dar conocimientos enciclopédicos a su bebé*, Diana, México, 1997.
- **Glenn Doman**, *Cómo enseñar matemáticas a su bebé*, Diana, México, 1997.
- **Glenn Doman**, *Cómo enseñar a leer a su bebé*, Diana, México, 1997.
- **Masaru Ibuka**, *El jardín de niños ya es muy tarde*, Universo, México, 1990.
- **Sue Doherty**, *Kinergética*, Serres, España, 1994.
- **Jackie Silberg**, *Juegos para desarrollar la inteligencia del niño de 1 a 2 años*, Oniro, España, 1998.
- **Manuel Penella**, *Tu hijo: Genio en Potencia*. Espasa Calpe. España, 1994.

PARA FORMAR EL CARÁCTER ÍNTEGRO
- **James Dobson**, *Atrévete a disciplinar*, Trillas, 1989.
- **James Dobson**, *Controle las rabietas de su hijo*, Unilit, Colombia, 1990.
- **James Dobson**, *Tener hijos no es para cobardes*, Vida, Estados Unidos, 1991.
- **Stephen R. Covey**, *Los 7 hábitos de las familias altamente efectivas*, Grijalbo, México, 1998.
- **Lawrence E. Shapir**, *La inteligencia emocional de los niños*, Javier Vergara, México 1997.
- **Daniel Goleman**, *La inteligencia emocional*, Javier Vergara, México, 1997.
- **Alexander Lyford-Pike**, *Ternura y firmeza con los hijos*, Alfaomega. México 1998.
- **Alfonso Aguiló**, *Educar el carácter*, Minos, México, 1993.
- **Wesley C. Becker**, *Los padres son maestros*, Trillas, México, 1994.
- **Eduardo Aguilar Kubli**, toda su serie de libros sobre *Desarrollo humano integral*; ej: *Elige los valores*, Árbol, México 1995.

PARA MOTIVAR LA CREACIÓN DE OBRAS GENIALES
- **Margarita Amestoy de Sánchez**, *Desarrollo de habilidades del pensamiento*, Trillas, México, 1995.
- **Linda Casuga**, Carolina Gutiérrez y Jorge Muñoz, *Aprendizaje Acelerado*, Grupo Tomo, México, 1998.
- **Dr. Arthur Winter** y Ruth Winter, *El poder de la mente*, Javier Vergara, Argentina, 1990.
- **Dr. Victor B. Cline**, *Convierta a su hijo en un triunfador*, Selector, México, 1988.
- **Wyne W. Dyer**, *La felicidad de nuestros hijos*, Grijalbo, México, 1989.
- **Linda y Richard Eyre**, *Cómo enseñarles alegría a los niños*, Norma, Colombia, 1987.
- **Susan Isaacs** y Dra. Wendy Ritchey, *Creo que puedo, ¡sé que puedo!*, Javier Vergara, Argentina, 1991.
- **Mike Hernacki**, *El secreto fundamental para conseguir lo que quieres*, Diana, México, 1991.

Obras del mismo autor

UN GRITO DESESPERADO

NOVELA DE SUPERACIÓN
PARA PADRES E HIJOS

JUVENTUD EN ÉXTASIS

NOVELA DE VALORES SOBRE
NOVIAZGO Y SEXUALIDAD

LA ÚLTIMA OPORTUNIDAD

NOVELA DE SUPERACIÓN
PERSONAL Y CONYUGAL

VOLAR SOBRE EL PANTANO

NOVELA DE VALORES
PARA SUPERAR LA
ADVERSIDAD Y TRIUNFAR

LA FUERZA DE SHECCID

UNA IMPACTANTE
HISTORIA DE AMOR CON
MENSAJE DE VALORES

JUVENTUD EN ÉXTASIS 2

CURSO DEFINITIVO
SOBRE CONDUCTA SEXUAL

principios universales de
superación y valores
volumen 1

principios universales de
superación y valores
volumen 2

Esta obra se terminó de imprimir en mayo de 2000 en
los talleres de Imprentor, S. A. de C. V.
ESD-03-1-M-052-05-00-2